Le Vicomte DE CHAUNAC,
*Lieutenant-Colonel du 9e Dragons.*

# VIES

### DES GRANDS

# CAPITAINES FRANÇAIS

## DU MOYEN AGE.

—

## TOME VII.

# VIES

## DES GRANDS

# CAPITAINES FRANÇAIS

## DU MOYEN AGE,

POUR SERVIR DE COMPLÉMENT A L'HISTOIRE GÉNÉRALE DE LA
FRANCE AUX XIIᵉ, XIIIᵉ, XIVᵉ ET XVᵉ SIÈCLES ;

## PAR ALEXANDRE MAZAS,

ANCIEN OFFICIER D'ÉTAT-MAJOR.

*Ne quid falsi dicere, ne quid veri non audeat.*
CICERO.

**Dédié à Monsieur le Dauphin.**

---

## TOME SEPTIÈME.

DUNOIS,
LIEUTENANT GÉNÉRAL.

---

# A PARIS,

## CHEZ M. EUGÈNE DEVENNE, ÉDITEUR,

RUE GÎT-LE-COEUR, N° 12.

---

M DCCC XXIX.

# DUNOIS,

## LIEUTENANT-GÉNÉRAL.

# DUNOIS,

LIEUTENANT-GÉNÉRAL.

## LIVRE PREMIER.

Sa naissance.— Sa jeunesse. — Ses premiers exploits.— Il devient le second lieutenant du connétable de Richemont. — Il fait lever le siège de Montargis.

L'ESPRIT des institutions qui, sous les Capétiens, régissaient notre pays mettait l'honneur du sang au-dessus de toutes les considérations : c'est ce qui explique la position avantageuse que les bâtards des grands occupaient dans la société. Le principal but des barons en se mariant était de réunir des domaines considérables pour les transmettre à un fils aîné, et perpétuer ainsi la puissance seigneuriale ; mais, craignant de voir éteindre leur race, ils prenaient des concubines, dont ils avaient beaucoup d'enfans ; ils les choisissaient ordinairement parmi les femmes des officiers de leur maison : c'étaient les mœurs du temps, les mêmes de l'Orient, qui se sont conservées jusqu'à nos jours parmi les beys relevant du grandseigneur : les écrivains qui ont regardé le concubinage comme une tache dans la vie d'un homme supérieur de cette époque connaissaient mal les coutumes.

On élevait les enfans naturels avec les enfans légitimes sous les yeux de leur père, dont ils portaient le nom, précédé de l'adjectif *bâtard*, auquel on n'attachait aucun sens défavorable; il est à remarquer que les bâtards furent presque toujours des hommes extraordinaires; Philippe-le-Bon, duc de Bourgogne, en eut onze, qui acquirent une grande célébrité dans les armes; la maison de Valois eut aussi des bâtards dont les exploits furent justement célébrés : mais aucun d'eux ne jeta plus d'éclat que Dunois. Louis d'Orléans, son père, avait épousé, en 1389, Valentine de Milan; la beauté et le mérite de cette princesse ne purent empêcher son époux de se conformer à l'usage général. Louis d'Orléans séduisit Mariette d'Enghein, petite-fille d'Eustache d'Enghein, favori de Philippe de Valois; elle avait épousé Aubert de Cani, de la famille de Bec-de-Lièvre, l'une des plus anciennes de la Normandie, transplantée depuis un siècle en Picardie (1). Aubert s'était toujours montré très-

______

(1) Elle existe encore.

opposé à la maison de Bourgogne; cette considération n'arrêta point le frère de Charles V, il
usa, pour triompher de Mariette, de tous les
avantages que lui donnaient son rang et sa for-
tnne. Aubert de Cani sentit vivement cet affront, rompit avec le prince, et se jeta violemment
dans le parti de Jean de Nevers; il naquit bientôt après un fils, auquel on donna le nom de
*bâtard d'Orléans.*

Telle est l'opinion de tous les historiens contemporains sur la naissance de cet enfant; mais
Varillas, dans son Histoire de Louis XI, livre II,
élève des doutes à cet égard, en s'appuyant sur
les archives manuscrites de Châteaudun qu'on
lui communiqua. Châteaudun, comme la capitale
du comte de Dunois, conservait les titres de la famille de Longueville. Ces archives mettaient en
doûte que Mariette d'Enghien fût la mère du
bâtard, et penchaient pour croire que cette dame
avait consenti de couvrir de son nom la faute
d'une autre femme, d'un rang très-élevé, et que
l'on ne désigne pas autrement. Ce ne pourrait
être que la reine Isabeau de Bavière, dont le
commerce avec Louis d'Orléans était public, ou
bien la duchesse de Bourgogne, femme de Jean
sans-Peur. Juvénal des Ursins parle beaucoup
de la jalousie que ce dernier conçut à l'égard de

son cousin; il passait pour constant dans le peuple
que le frère de Charles VI avait montré au Bourguignon le portrait de Marie de Flandres, comme
une preuve de ses succès auprès d'elle. Quoi
qu'il en soit, Valentine ne parut point jalouse,
et fit élever le bâtard avec ses trois fils ; les graces
de cet enfant la charmèrent tellement qu'elle
regrettait de ne pas être sa mère : « On me l'a
volé, » disait-elle souvent.

La date de la naissance de Dunois n'est point
précise, quelques historiens la mettent en 1404 ;
nous croyons qu'elle est plus reculée, et que Dunois
vit le jour en 1399, car il avait (1407) huit ans
lors de l'assassinat de son père ; la nouvelle de
cette catastrophe parvint en peu de jours à
Château-Thierry où Valentine habitait avec ses
enfans ; les détails précis que l'on donnait sur
cet attentat ne lui permettaient pas de douter de
son malheur, elle s'abandonna aux transports
de sa douleur, elle appela auprès d'elle ses trois
fils, Charles, Philippe et Jean. Le premier avait
près de seize ans, le second douze, et le dernier
cinq. Elle fit venir également Dunois (1), et leur
apprit en fondant en larmes le coup affreux qui

(1) Nous appelons ainsi, en débutant, le héros dont
nous écrivons la vie, quoiqu'il n'ait porté ce titre que bien
tard ; mais nous craindrions la confusion.

les privait de leur père; elle appuya sur toutes les particularités de l'assassinat, afin de leur inspirer un juste ressentiment : « Dites, mes enfans, s'écria-t-elle, lequel de vous se montrera le plus ardent à venger cette injure. — Moi, » dit énergiquement Dunois, pendant que ses frères ne répondaient que par des pleurs à l'interpellation de leur mère. Valentine, frappée de la réponse, prit le bâtard dans ses bras et le combla de caresses. On sait qu'elle n'attendit pas les effets des promesses d'un enfant, et qu'elle fit tous ses efforts pour obtenir des lois la punition des meurtriers; mais elle ne put y parvenir. Les regrets qu'elle en conçut lui donnèrent la mort; consumée d'une maladie de langueur, Valentine voyait arriver lentement le terme de sa vie; le souvenir des malheurs de son époux la poursuivait sans cesse; ses fils, d'une complexion délicate, d'habitudes timides, lui ôtaient l'espoir de trouver un vengeur dans son sang; elle tournait ses regards vers le jeune bâtard dont la mine fière annonçait un caractère entreprenant et décidé, elle s'écriait en le considérant : « Lui seul est taillé pour punir les assassins de son père. »

Il ne nous est rien parvenu de particulier sur le reste de l'enfance de Dunois. Quelques écrivains ont dit, sans aucun fondement, qu'on l'avait d'abord destiné à l'état ecclésiastique, ce qui est peu probable ; il était rare que les fils des princes n'embrassassent point la carrière des armes, et encore moins à une époque où des cris de guerre retentissaient de toutes parts. La mort de Louis d'Orléans avait été le signal des discordes civiles : il était simple que son fils suivît la bannière de ceux qui n'avaient pris les armes que sous prétexte de venger le meurtre de son père, et c'est ce qu'il fit avec d'autant plus de raison qu'il se trouvait dans une position naturelle : il n'eut pas besoin, comme beaucoup d'autres, de changer de parti selon les variations des circonstances. Le bâtard d'Orléans ne pouvait marcher que dans les rangs des ennemis du duc de Bourgogne. Il avait quinze ans lorsqu'on livra la bataille d'Azincourt ; cependant, on ne le voit pas au nombre des jeunes seigneurs qui combattirent dans cette malheureuse journée ; il ne parut pas non plus aux conférences du pont de Montereau, et on n'eut pas à lui reprocher d'avoir trempé dans l'assassinat de Jean-sans-Peur.

Deux ans après cet événement tragique, au commencement de 1421, il parut, en qualité d'écuyer banneret, dans la revue que Charles VII, encore dauphin, désirant connaître la force de son parti, passa dans les environs de Blois : Dunois avait sous son pennon 4 bacheliers, 21 écuyers et 18 archers. Pour se l'attacher davantage, Charles VII lui donna, par acte du 24 novembre (même année), la seigneurie de Vaubonnois en Dauphiné, dont le bâtard prit le titre incontinent : c'est le premier qu'il ait porté. L'année suivante Charles, venant de monter sur le trône, le nomma chambellan, et lui concéda les terres de Saint-Pierre, de Theys et de Fallavier, en le qualifiant de cousin. En 1424, il prit les armes et le titre de sire de Mortaing. Il fut nommé, quelques mois après, gouverneur de la forteresse de Saint-Michel; mais, par suite d'une intrigue que les historiens n'expliquent pas, il fut disgracié pendant qu'il se rendait à son poste : un officier de la maison du roi le devança, et lui fit fermer les portes de la place. Son exil ne se prolongea point; il reparut à la cour bientôt après, et dans la même année il épousa la fille de Louvet président de Provence; il partagea la mauvaise fortune de son beau-père à la suite de l'affaire des princes bretons, comme nous l'avons vu dans la Vie d'Arthur de Richemont. On sait que ce prince entra au service de Char-

les VII, en y mettant pour condition l'éloignement de tous ceux qui avaient trempé dans le
meurtre de Jean-sans-Peur, son beau-père, et
dans l'arrestation du duc de Bretagne, son frère.
Cette condition parut fort dure; Charles VII
l'aurait même repoussée, si des gens sages ne
lui eussent montré que le bien de l'Etat demandait qu'on y souscrivît.

Tanneguy Duchâtel, qui se trouvait spécialement désigné, se retira volontairement sans
essayer de faire valoir ses services pour éviter
un exil; mais le président Louvet se montra
moins généreux; il était signalé comme ayant
commandé lui-même, au nom du dauphin, l'arrestation du duc de Bretagne : il voulut persua-
der à Charles VII qu'il n'était pas de son intérêt
d'éloigner ainsi les hommes qui lui avaient
donné des preuves d'un dévouement héroïque.
Le roi allait céder, mais tout son conseil se
récria : Louvet fut obligé de se retirer; il
partit pour le comtat d'Avignon, emmenant
le bâtard d'Orléans son gendre, qui ne voulut
pas l'abandonner dans sa disgrace. Tout le
monde vit avec peine l'éloignement d'un jeune
guerrier dont la sagesse égalait la valeur : son
sang-froid dans les entreprises difficiles le faisait admirer des autres généraux, et donnait de

la confiance aux soldats. Le comte de Richemont, devenu l'arbitre des destinées de la
couronne, fut frappé des éloges qu'il enten-
dait prodiguer au bâtard d'Orléans ; il conçut
pour lui une estime particulière ; il envoya en
Dauphiné un des officiers de sa maison pour
annoncer au jeune guerrier que le roi le rappelait, et que le comte de Richemont, en son
particulier, serait charmé de le compter au
nombre de ses compagnons d'armes. Cette dé-
marche de la part d'un prince fier et puissant
toucha le bâtard ; il répondit à la noble invitation, et se rendit en Touraine où le roi tenait sa
cour. Son arrivée combla de joie tout le monde ;
le comte de Richemont le choisit pour un de
ses lieutenans, et lui donna sur-le-champ la mission d'aller se jeter dans la forteresse de Mont-
St.-Michel menacée par les Anglais. Sur ces entrefaites, Arthur se rendit dans ses domaines de
Bretagne pour y lever des troupes, afin de chasser l'ennemi de la Normandie. Nous avons dit
que des incidens indépendans de sa volonté le
firent échouer dans son entreprise ; les Anglais
l'obligèrent de rentrer dans le duché. La haute
Normandie tomba en leur pouvoir, mais ils
échouèrent devant St.-Michel, dont la défense
venait d'être confiée au bâtard d'Orléans. Les

Anglais firent de vains efforts pour la soumettre ; ils eurent, au milieu de leurs succès, le chagrin d'échouer au pied de ces remparts. Ils voulurent, en se retirant, donner au gouverneur un témoignage de leur estime ; ils lui envoyèrent en présent des vivres frais et des liqueurs. Charles VII et sa cour furent également charmés de la conduite du bâtard ; ce dernier ne laissa échapper aucune occasion de se signaler, et bientôt il s'en offrit une qui promettait une riche moisson de lauriers.

Maîtres de Paris, les Anglais s'y voyaient resserrés parce que les villes qui couvraient les grandes avenues de cette capitale se trouvaient encore entre les mains des Français ; Montargis surtout les inquiétait singulièrement, car les habitans se montraient animés d'une ardeur portée jusqu'à l'exaltation, et leur exemple soutenait la résolution des habitans des campagnes ; Bedfort forma contre Montargis une expédition dont il confia la conduite au comte de Warvick et aux sires de Suffolk et de la Poll ; ces généraux rassemblèrent 6,000 hommes dans l'Ile-de-France, et allèrent investir la capitale du Gatinais, à la fin de juillet 1427.

Montargis, situé sur le Loing, qui s'y partage en plusieurs bras, ne pouvait être cerné que très-difficilement, néanmoins Warvick et ses deux collègues ne balancèrent point à établir leurs lignes; ils reçurent un renfort de 4,000 soldats, ce qui leur permit de commencer les opérations; ils comblèrent plusieurs canaux et trouvèrent moyen d'y établir des batteries. Le sire de la Poll prit position le long du ruisseau appelé la Vrayne; Suffolk se logea du côté de Conflans, et le comte de Warvick s'établit à l'opposé de la ville, sous les remparts du château; Suffolk et la Poll pouvaient se secourir mutuellement malgré quelques difficultés locales, mais ils ne pouvaient se lier avec Warvick qu'en faisant un détour d'une lieue et demie. Les habitans ne furent point effrayés à la vue de cette armée qui prenait des mesures énergiques pour les forcer dans leurs remparts. Une tradition très-ancienne prédisait que Montargis ne serait jamais pris. Le château, l'un des plus forts des provinces centrales, avait été bâti par Charles V sur les ruines d'une autre forteresse construite, disait-on, par Clovis, et dévastée plus tard par les Normands. Le nouveau château devint un des boulevards du royaume; Chandos avait échoué devant ses murs lors de l'invasion d'Édouard III. La résolution des habitans était encore soutenue par l'exemple du gouverneur Bouzon de la Faille, capitaine gascon, d'un courage impassible, d'une activité infatigable ; il fit placer sur les remparts des pièces d'artillerie, dont le service fut si bien dirigé que celles des assiégeans devinrent inutiles. Trois mois se passèrent en escarmouches. Les Anglais souffraient beaucoup dans leurs lignes, au milieu de marais fangeux ; de leur côté, les assiégés se trouvaient encore plus gênés par la privation de vivres, car l'ennemi avait grand soin d'empêcher les convois de passer. Chaque jour Bouzon faisait quelque sortie pour se procurer des vivres, et chaque jour ces sorties devenaient plus meurtrières ; il envoyait courrier sur courrier au roi de France pour le supplier de venir à son secours, mais ses messagers tombaient entre les mains des soldats de Warvick. L'un d'eux, plus intelligent, s'offrit de traverser le camp des Anglais en plein jour, et de gagner la route de Gien, mais il fut pris en sortant de la porte du château par un détachement dont le chef était Simon Morhier, Français de la faction des modérés. Cet officier voulait faire pendre ce bourgeois, mais il se laissa toucher par l'offre que fit ce dernier de livrer un des principaux bastions du château, si on voulait le laisser rentrer dans la ville. Simon Morhier accepta, et le royaliste le quitta après lui avoir indiqué un bastion dont la garde était confiée à son frère ; il prit l'engagement de faire des dispositions telles, que les assiégeans pourraient sans crainte escalader le bastion au milieu de la nuit.

En rentrant dans Montargis, le royaliste se hâta d'instruire le gouverneur de tout ce dont il était convenu avec l'officier; Bouzon tripla la garde du poste désigné, mais sans bruit, de manière à laisser l'ennemi dans la sécurité la plus parfaite.

Simon Morhier était allé prévenir le comte de Warvick de ce qu'il venait de faire à l'égard du messager de Bouzon, et dans l'effusion de sa joie il ne doutait pas que la ville ne fût prise par ce stratagème; au milieu de la nuit le comte de Warvick se rendit avec ses principaux officiers au pied des murailles, en face du bastion désigné; le silence régnait sur les remparts, et rien n'annonçait que les assiégés se doutassent du péril qui les menaçait. Par le moyen de plusieurs échelles liées ensemble, les Anglais arrivent à l'ouverture du créneau, dans lequel ils ne pouvaient entrer que l'un après l'autre; mais au fur et à mesure que l'un d'eux passait, des hommes de garde cachés derrière le parapet se jetaient sur lui, et le garottaient en l'empêchant de crier. 20 des assiégeans, et dans ce nombre Simon Morhier, furent pris ainsi; les généraux anglais, qui attendaient au pied de la muraille l'effet de cette tentative, s'étonnaient de ne plus voir reparaître leurs hommes, lorsque de longs éclats de rire et une furieuse décharge d'arbalètes leur apprirent qu'ils avaient été victimes de la crédulité de Morhier; ils s'éloignèrent en décidant de n'avoir recours qu'à la force ouverte pour se rendre maîtres de Montargis.

Le dimanche suivant, les assiégés apprirent qu'il leur arrivait du secours; le comte de Richemont, rentré en exercice de la charge de connétable, reçut l'ordre de déployer toutes ses ressources pour faire lever le siège. Arthur partit du voisinage d'Orléans avec sa division de Bretons, et fit savoir aux capitaines des compagnies répandues dans la Beauce et le Gatinais de se réunir sur la rive gauche de la Loire : ce mouvement de concentration s'effectua avec assez de promptitude. Le bâtard d'Orléans, Lahire, Graville, Gaucourt, arrivèrent avec leurs bandes de 3oo à 4oo hommes : ces forces réunies composèrent une armée de 9,000 combattans. Le connétable, pour dérober à l'ennemi son véritable mouvement, descendit la rive gauche de la Loire, en prenant la direction de Mehun; puis, faisant tout à coup contre-marche, il remonta le fleuve et arriva à Jergeau, passa la Loire sur le pont de cette ville, et s'arrêta sur l'autre rive, assembla aussitôt son conseil de guerre pour consulter ses lieutenans sur ce qu'il y avait à faire : il fut décidé que l'on formerait un gros détachement afin d'accompagner un convoi de vivres destinés pour Montargis. On devait s'attendre à une vive résistance de la part de assiégeans : un combat devenait inévitable. Dans cette persuasion Arthur, emporté par son ardeur martiale, voulait commander lui-même ce détachement; mais, comme nous l'avons vu dans la Vie de ce général, les officiers de son hôtel lui firent observer qu'il n'était pas de la dignité d'un connétable de se charger du soin d'escorter un convoi, et d'exposer sa personne dans une affaire de partisans. Le commandement de l'escorte fut donc confié au bâtard d'Orléans, sur la sagesse de qui on fondait beaucoup d'espérances ; on lui adjoignit Lahire, dont l'impétuosité et l'audace étaient admirables pour un coup de main. 1,500 hommes furent mis sous leurs ordres ; un nombre considérable de chariots chagés de vivres les suivait : le connétable devait rester à Jergeau, et se porter en avant pour soutenir le détachement s'il se trouvait trop compromis. Dunois se mit immédiatement en marche, et s'enfonça dans la forêt qui masque la

rive droite, et s'y arrêta pour attendre les ren-
seignemens qu'il avait demandés sur la position
des assiégés : les habitans des campagnes le servirent fort bien dans cette circonstance. Instruit
que les généraux anglais avaient commis la faute
de se séparer en trois divisions, il décida d'attaquer, dans les replis de la Brayne, le sire de la
Poll, qui ne pouvait être secouru ni par Warvick ni par Suffolk : car le premier était au-delà
de la ville, et le second devait, pour opérer
sa jonction avec la Poll, tourner un long circuit
de marais. D'après ce plan, la division se mit en
marche. Dunois donna le commandement de
l'avant-garde à Lahire, qui ne se séparait jamais
de sa bande de 600 Gascons, vieux soldats accoutumés à vaincre sous ses ordres. Dunois le
suivait de près avec le convoi et le reste de la
troupe.

Lahire se mit en marche au milieu de la nuit,
(fin d'août 1427)(1), se dirigea vers Montargis
en suivant le chemin de Chevignon. Au lever du
soleil, il se trouva auprès d'une petite chapelle,
et, d'après la coutume religieuse de ce siècle, il
se mit à genoux avec ses soldats pour saluer
l'astre naissant. Il venait de commencer sa prière

(1) Journal de Paris, p. 112.

lorsqu'il vit passer le desservant de la chapelle ; il l'arrêta, et lui ordonna brusquement de donner l'absolution à ses soldats. « Auquel il dit qu'il lui donnât haltivement l'absolution, et le chapelain lui dit qu'il confessât ses péchés. Lahire répondit qu'il n'auroit pas le loisir, car il falloit promtement frapper sur l'ennemi, et qu'il avoit fait tout ce que gens de guerre ont coutume de faire, sur quoi le chapelain lui donna l'absolution telle quelle. Lors Lahire fit sa prière à Dieu, en disant en son gascon, les mains jointes : Dieu, je te prie que tu fasses aujourd'hui pour Lahire autant que tu voudrois que Lahire fît pour toi, s'il était dieu et que tu fusses Lahire. » (Hist. de Charles VII par un ano. Godef. 495.)

Lahire poursuivit ensuite sa route, et fit halte à Chevignon, mais, au lieu d'y attendre Dunois avec le gros de la division, il en repartit bientôt après avec la résolution d'attaquer tout seul les quartiers des Anglais ; en effet, il arriva vers midi dans ceux du sire de la Poll. Celui-ci, prenant les gens de Lahire pour quelques coureurs qui essayaient d'entrer dans la ville, ne se hâta point de faire prendre les armes à tous ses soldats, laissant aux postes avancés le soin de repousser ces partisans. Cette réserve encouragea davantage le capitaine français, qui s'avança toujours en culbutant ce qui se présentait devant lui. L'alarme fut bientôt dans le quartier ; les Anglais accoururent de toutes parts avec la Poll ; l'audacieux capitaine se trouva entouré par 2,000 combattans ; il fit des prodiges de vaillance ; ses vieux Gascons le secondèrent, et jetèrent sur la poussière une foule d'ennemis ; mais ils ne pouvaient espérer de vaincre avec si peu de monde des troupes aussi braves que celles de la Poll : ils allaient payer d'une mort glorieuse l'imprudence de leur chef, lorsque Dunois arriva avec le reste de ses forces. Ce général, se doutant bien que Lahire se laisserait emporter par son ardeur, avait hâté le pas, et lui-même marchait en tête avec les 600 cavaliers, ordonnant au sire de Mucident de laisser le convoi sous la garde de quelques soldats, et de le suivre de près avec le reste de son infanterie. Le bâtard d'Orléans entendit bientôt les cris des combattans, et, ne doutant plus qu'on n'en fût venu aux mains, il forma sa cavalerie en colonne serrée, conservant une allure uniforme et soutenue afin d'arriver avec tout son monde. Parvenu aux quartiers de la Poll, il déploya sa colonne dès que le terrain le lui permit, et fondit sur les An-

glais qui, étonnés de ce grand nombre de cavaliers, se troublèrent, car ils avaient déjà beaucoup à faire que de contenir Lahire. Dunois
rallia plusieurs fois ses gens d'armes avec sang-
froid, et fournit cinq charges consécutives ;
chacune d'elles mettait hors de combat quantité d'ennemis, car la Poll n'avait point de cavalerie à lui opposer. Cependant Suffolk vit de
loin que les Anglais luttaient contre un ennemi supérieur en force : partagé entre le
désir de dégager son frère d'armes, et la crainte
de laisser surprendre le point qu'il était chargé
de défendre, il prit un terme moyen ; il confia
la garde de ses quartiers à son lieutenant, et
sortit de son camp avec 1,000 hommes, l'élite
de sa division ; mais pour joindre le sire de
la Poll, il était obligé de tourner les marais, de sorte qu'il arriva précisément au moment où l'arrière-garde de Dunois débouchait
par la vallée. Le sire de Mercadieu, chef de
cette troupe, comprit bien l'état des choses ;
il barra le passage au sire de la Poll, l'attaqua
vigoureusement, et l'arrêta sur place. Le choc
fut terrible, et coûta la vie à quantité de preux ;
le sire de Mercadieu animait les siens de sa voix
formidable ; il lève sa visière pour mieux juger
sa position : en ce moment un Anglais se pré-

cipite sur lui, et le frappe au visage d'une lance légère ; le coup porte dans la bouche ; l'Anglais retire son arme, et laisse le fer de lance dans la plaie ; Mercadieu l'arrache lui-même, et continue à se battre.

Un nouvel incident vint encore favoriser les Français ; Bouzon de la Faille, gouverneur de Montargis, voyant du haut des remparts commencer l'engagement, sortit de la place avec la moitié de la garnison ; il pénétra dans le camp, attaqua vigoureusement le sire de la Poll. Un bourgeois de Montargis, nommé Gallardin, se battit vaillamment, et s'empara de la bannière de Bedfort que le régent avait confiée à sir Windam. Ce renfort amené par Bouzon, quoique de peu d'importance, fut cependant très-précieux en ce qu'il fit une heureuse diversion, et diminua l'assurance des soldats anglais, qui se voyaient ainsi attaqués de tous côtés. Dunois, dont le caractère calme est signalé par les chroniques, présidait à cette scène. Il quitta la cavalerie lorsqu'il la vit bien engagée, et se porta hors des quartiers, sur le lieu où combattait le sire de Mercadieu ; sa présence augmenta l'ardeur des Français. Enfin, après une lutte opiniâtre, Suffolk et les siens se virent obligés de reprendre le chemin de leur camp sans avoir pu se lier avec

la division de la Poll. Dunois ne laissa point aux
Anglais la faculté d'exécuter sans entraves ce
mouvement rétrograde, il lança contre eux sa
meilleure infanterie, qui les aborda en peu d'instans; dès lors cette retraite se changea en une
fuite désordonnée; les Anglais, ne songeant
plus à regagner leur première position, se
jetèrent dans les marais, joignirent un bras du
Loing, le passèrent péniblement, et gagnèrent les
quartiers de Warvick. Ils trouvèrent le sire de
la Poll qui avait été assez heureux pour se procurer un batelet avec lequel il franchit le Loing.
Warvick s'était vu dans l'impossibilité de secourir
ses collègues à cause de la nature des lieux;
il recueillit les débris des deux premières divisions, et, les ralliant derrière sa réserve, il se mit
en bataille avec toutes ses forces sur le penchant
d'une colline, ne doutant pas d'être à son tour
attaqué par les Français victorieux; mais Dunois
était trop sage pour compromettre l'avantage qu'il
venait de remporter. Il avait tué à l'ennemi 1,600
hommes, lui en avait pris 600, un butin immense, ainsi que les canons. Henri Bizet, capitaine anglais, chargé de défendre le parc des
machines de guerre, préféra périr les armes à la
main que d'accepter le quartier qu'on lui offrait.
Satisfait de ces brillans résultats auxquels on

n'était pas acccoutumé, Dunois se hâta d'entrer dans la ville sans songer à recommencer une nouvelle action contre Warvick. Les assiégés le reçurent en triomphe; il paraissait évident aux yeux de tous que l'on était redevable d'un succès aussi positif à son courage, à son sang-froid et à ses sages dispositions. Dunois loua beaucoup la conduite des habitans, qui depuis plusieurs mois supportaient sans murmurer les privations les plus cruelles, partageant avec les soldats tous les périls du siège. Il en instruisit Charles VII, qui, voulant donner à la ville des témoignages de sa satisfaction, lui accorda plusieurs privilèges, et permit aux bourgeois de faire broder sur leurs habits la lettre M. Ces distinctions étaient d'autant plus méritées que les habitans, enflammés d'ardeur après le combat de la Brayne, inspirèrent une telle crainte aux Anglais que Warvick se vit obligé de lever le siège ( 5 septembre 1427) et de se replier sur Paris après avoir perdu 3,000 hommes dans cette expédition. Ces avantages si vaillamment obtenus valurent au bâtard d'Orléans une renommée telle que le connétable de Richemont en parut jaloux. Arthur regrettait d'avoir cédé aux prières de ses officiers qui l'avaient détourné de conduire lui-même le convoi; il aurait acquis dans cette circonstance une gloire qui devint le partage d'un autre.

La ville d'Orléans, liée depuis long-temps avec celle de Montargis par un pacte fédéral, suivant la coutume de ce siècle, voulut témoigner à Dunois sa gratitude pour avoir délivré la capitale du Gatinais; elle lui fit don de 1,000 livres dont le général donna quittance en signant, *bâtard d'Orléans.* Cette pièce existe encore dans les archives de cette ville (1).

Dans le moment où l'on se battait si vivement sous les murs de Montargis, un violent tremblement de terre se fit sentir sur toute la surface de la France. Les royalistes ne s'en effrayèrent point; ils s'en rejouirent même, car ils regardaient ce phénomène, si propre à les frapper de terreur, comme le pronostic de la délivrance prochaine de leur pays: tant l'amour de la patrie échauffait les ames de ces hommes généreux!

(1) Cette quittance est écrite sur une bande de parchemin, et conservée dans les Archives, hôtel de la Mairie, où nous l'avons vue. (1<sup>re</sup> liasse, 4<sup>e</sup> section des *faits historiques.*)

# LIVRE II.

Siège d'Orléans. — Dunois se jette dans la place, et soutient
les efforts des Anglais, qu'il oblige de se retirer.

---

L'ÉCHEC que le bâtard d'Orléans venait de faire
essuyer aux Anglais devant Montargis était d'autant plus notable, que c'était le premier avantage remporté par les Français depuis les malheureux combats de Crevant et de Verneuil;
aussi Charles VII se plut-il à combler de graces
le vainqueur de cette journée. Malheureusement
ce prince ne mettait pas la même ardeur à profiter des chances favorables que la fortune lui
offrait de loin en loin. Toujours esclave de quelques favoris, il leur abandonnait le soin des
affaires publiques pour ne songer qu'aux plaisirs. Cette conduite étrange devait nécessaire-
ment engendrer des mécontentemens. Nous
avons parlé avec détail, dans la Vie d'Arthur de
Richemont, de ces fatales divisions élevées au
sein de la cour, et qui pensèrent consommer la
ruine de la monarchie. L'insouciance du roi

était d'autant plus coupable, que ses rivaux dé-
ployaient l'activité la mieux soutenue.

Dans l'espérance de détruire la fâcheuse im-
pression que la levée du siège d'Orléans avait
faite sur l'esprit des partisans de l'Angleterre,
Bedfort prépara une entreprise éclatante dont
les résultats devaient, selon lui, assurer pour
toujours la couronne de France dans la famille de Lancastre : c'était de diriger tous ses
efforts contre Charles VII, de s'attacher à sa
personne, de le chasser des provinces centrales,
et de le pousser jusqu'au pied des Pyrénées. Ce
plan, exécuté avec vigueur, eût anéanti la maison de Valois. Heureusement pour elle Bedfort ne put se charger de l'exécution ; car la
politique l'occupait encore plus que les combats:
sa présence à Paris devenait indispensable pour
contenir les royalistes, qui voulaient faire sou-
lever cette vaste capitale. Warvick venait d'être
rappelé à Londres pour être gouverneur du
jeune Henri VI. Le roi n'avait donc à sa disposition, pour entreprendre sa nouvelle campagne,
que Thomas de Montagu, comte de Salisbury,
allié de la famille royale, l'un des héros de la
journée d'Azincourt. Pour prix de sa vaillance,
il reçut des mains d'Henri V, après cette victoire,
le collier de la Jarretière. Il avait trente-cinq

ans, l'âge le plus propre aux grandes conceptions militaires.

Le comte de Salisbury débarqua le 30 juin à Calais avec 6,000 hommes de nouvelles levées ; il traversa la Picardie, et trouva dans l'Ile-de-France 10,000 vieux soldats, que Bedfort avait retirés de plusieurs provinces. Ces forces réunies à 6,000 Bourguignons ou Picards formaient une armée à laquelle Charles VII ne pouvait opposer que peu de monde. Salisbury commença les opérations, au mois de juillet 1428, avec 25,000 hommes bien disciplinés, que transportait le souvenir de leurs victoires passées. Il parcourut le pays contenu entre la Seine et la Loire, et y fit de rapides conquêtes : il enleva, dans l'espace d'un mois, Rambouillet, Noyon, Janville, Beaugenci ; il parut devant Orléans vers les derniers jours de septembre. Il s'arrêta afin de se concerter avec ses officiers à l'effet de savoir s'il formerait le siège de cette ville, ou s'il franchirait le fleuve pour s'enfoncer dans les provinces du centre. Sur ces entrefaites, il reçut plusieurs messages de Bedfort, qui lui mandait que son plan n'était pas qu'on s'arrêtât devant Orléans, ville très-forte, dont la prise demanderait beaucoup de temps et de grands sacrifices ; qu'il valait mieux passer la Loire, et poursuivre sans relâche Charles VII et les siens. Salisbury, regardant la conquête d'Orléans comme un fait d'armes capable de mettre le sceau à sa réputation militaire, répondit que la prise de cette ville garantirait pour toujours au roi son maître la possession de Paris et des provinces du nord. Le siège fut résolu, contre l'intention du régent (1).

Orléans, l'une des plus anciennes cités des Gaules, était sans contredit la position la plus capitale du royaume, puisqu'elle formait le sommet du rectangle de la Loire, et paraissait être le premier rempart de Paris du côté du midi. On l'appelait avec raison le *cœur* de la France. Cette ville, bâtie tout entière sur la rive droite du fleuve, s'était accrue considérablement depuis cent ans. Au commencement du quatorzième siècle, on joignit à la cité le bourg d'*Avenum*, qui la flanquait du côté de l'ouest. Sa nouvelle clôture ne fut terminée que vers le milieu du règne de Philippe de Valois. Cette ceinture de murailles était, suivant la coutume d'alors, renforcée par des tours les unes rases et les autres couvertes; il pouvait y en avoir vingt d'intermédiaires. La ville avait neuf portes outre

(1) Actes de Rymer, t. x, p. 408. — Thoiras, t. iv, p. 230.

plusieurs poternes. Le pont se trouvait presque
en dehors de l'enceinte, et formait la prolonga-
tion des remparts. Les habitans y arrivaient par
la rue Ste.-Catherine qui se trouve aujourd'hui
au centre de la ville, car depuis 1428 Orléans
s'est accru de telle manière du côté du nord et
de l'ouest, que sa surface est plus que doublée.
Le pont, situé alors cent cinquante pas plus
bas que celui d'aujourd'hui, avait cent quatre-
vingts toises de long ; il se composait de dix-neuf
arches ; celles du centre s'appuyaient sur une
île appelée les Mottes-Saint-Antoine. Suivant
l'architecture de cette époque, il s'élevait au milieu du pont une porte dont les habitans tirèrent
ensuite un grand parti. Du côté de la ville,
l'entrée du pont était défendue par deux fortes
tours qu'un pan de muraille liait entre elles. La
tête du pont du côté du midi se formait d'un
massif de tours appelé *les tourelles* (1).

Dans la situation où se trouvait la France,
envahie par l'étranger, livrée aux discordes civiles, chaque ville avait à se gouverner d'après

(1) La Parthénie orléanaise, ou l'Histoire mémorable
de la ville d'Orléans assiégée par les Anglais, et délivrée
par une vierge envoyée de Dieu, par Saint-Syphorien
Guyon. 1654, in-12. Ce livre contient des détails authen—
tiques.

ses vues particulières et ses besoins. Il paraît
qu'Orléans possédait un système municipal parfait. La ville, composée de 20,000 habitans environ, se trouvait partagée en huit quartiers qui
avaient chacun un chef appelé *quartenier*; celui-ci avait sous ses ordres dix dizainiers qui recevaient chaque jour le rapport des chefs de
rue, établis en même nombre que les rues de
chaque quartier. Ces magistrats exerçaient une
police rigoureuse, et soutenaient l'esprit public.
Un écrivain moderne (1) dit avec raison, que
c'est probablement à cette institution que l'on
dut l'ordre qui régna pendant le siège, l'unanimité d'opinion et le beau caractère que déployèrent les habitans; en effet, dès qu'ils apprirent
que le but des mouvemens du comte de Salisbury était de se rendre maître de leur ville,
ils firent les dispositions les plus énergiques
pour lui opposer une vigoureuse résistance.
D'abord ils s'imposèrent une taxe volontaire
pour subvenir aux premières dépenses, tous les
privilèges furent abolis, même ceux dont jouis-
saient les élèves et docteurs de l'Université:
d'après des lettres patentes de Philippe-le-Bel,

(1) M. Vergniaud, auteur de l'*Indicateur orléanais*, ouvrage dans lequel se trouvent réunis les documens les plus
curieux et les plus importans.

(1305), ils étaient exempts d'impôts. Dans cette circonstance il ne se trouva que deux docteurs qui réclamèrent, Jean Itasse et Huguenin de Tours (1). On consentit un *appetissement* sur le vin et sur toutes les boissons vendues en détail; c'est-à-dire que les marchands purent diminuer le douzième de la pinte, sans diminuer le prix, mais en versant le montant de cette différence dans les caisses publiques : ceci avait déjà eu lieu en 1410 lorsqu'on voulut terminer les fortifications aux frais des habitans (2). On préleva en sus du loyer deux sous parisis sur toutes les maisons couvertes en ardoises ou tuiles, et un sou sur celles couvertes en chaume (3). Il fut défendu, sous-peine de confiscation, de vendre du vin autre que celui du territoire d'Orléans, c'est-à-dire d'un rayon de dix lieues. Il fut permis aux boulangers forains de vendre du pain sur le pont et dans les principales rues; la ville leur accorda même une prime (4). On eut beaucoup à s'applaudir de cette mesure; et afin d'éviter

(1) Archives de la ville d'Orléans, hôtel de la Mairie, liasse n° 1, section de l'Université. Le privilège fut rendu à l'Université en 1448.

(2) Idem, liasse n° 2, section des *Clôtures*.

(3) Idem.

(4) Idem, première liasse, section *Boulangerie*.

l'infidélité dont les boulangers établis pouvaient se rendre coupables sous prétexte de la rareté des grains; on fit revivre un arrêt du parlement de Paris qui enjoignait aux gens de cet état de suspendre à la fenêtre de leur boutique des balances pour que tout le monde pût peser le pain (1). Les membres du clergé, d'après nos institutions, étaient exempts d'impôts; les prêtres d'Orléans, désirant contribuer aux charges publiques, voulurent payer une partie de la taxe. On n'exempta de l'impôt extraordinaire que six habitans, les trois libraires existant alors dans la ville, et deux ou trois parcheminiers (2). On trouve dans divers comptes l'annotation de quantités des salpêtre et autres ingrédiens qui entrent dans la fabrication de la poudre; il paraît qu'on en fit beaucoup dans cette circonstance. Les habitans d'Orléans ne se bornèrent point à ces dispositions de police intérieure, ils firent de grands sacrifices pour rendre plus difficiles les abords de leur ville; ils brûlèrent les faubourgs de la rive gauche, les maisons qui bordaient la rivière, et notamment l'église des Augustins, qui

(1) Archives d'Orléans, registre 2.
(2) Idem.

se trouvait en face de la tête du pont, et dans
laquelle les Anglais auraient pu se loger com-
modément. La ville avait la forme d'un parallé-
logramme presque parfait; ses murailles embras-
saient une étendue de mille toises; les murs de
l'ouest passaient sous l'église cathédrale d'aujourd'hui. Les habitans déblayèrent toute cette
ceinture de murs en brûlant les maisons qui
l'avoisinaient. Ils détruisirent ainsi vingt et quelques églises ou chapelles; c'est ainsi que Saint-
Aignan et Saint-Euverte furent détruits malgré
la vénération qu'on leur portait; les cinq principales portes de la Magdelaine, de Paris, de
Bourgogne, de Saint-Jean, de Saint-Vincent,
-furent également dégagées des bâtisses qui les
masquaient en dehors. Les habitans des faubourgs, privés de leurs habitations, refluèrent
dans la ville où ils furent reçus comme des
frères. D'après les détails épars, mais consi-
gnés dans une foule de documens, nous esti-
mons que la population d'Orléans pouvait
être à cette époque de 3o,ooo habitans. Notre
opinion pourra être combattue : on objectera
sans doute l'exiguité du terrain, mais nous
ferons observer que dans le moyen âge les rues
étaient fort étroites et les maisons très-élevées,
et qu'il n'existait point de places publiques très-

vastes, de sorte que la population tenait bien moins de place, car elle se trouvait entassée. C'est une des principales causes des épidémies si fréquentes alors.

Les hommes de dix-huit à cinquante ans furent désignés pour défendre les remparts. Les Orléanais, outre quantité d'armes à main, possédaient aussi une nombreuse artillerie; l'un d'eux, ouvrier très-habile, nommé Guillaume d'Huis, faisait chaque jour des essais fort heureux dans le service des canons; les habitans, animés d'une ardeur héroïque, croyaient avoir les moyens nécessaires pour soutenir un siège en règle, aussi auraient-ils voulu se défendre sans recevoir dans leurs murs les bandes gasconnes, bretonnes et italiennes, dont ils redoutaient l'avidité et l'insubordination. Mais les chefs du parti royaliste les obligèrent à recevoir garnison, et le sire Raoul de Gaucourt fut nommé gouverneur militaire de cette ville à cause de son extrême importance, Orléans avait eu de tout temps un commandant d'armes permanent dont les appointemens furent fixés par Charles V, en 1367, à 200 livres (1). Ces appointemens étaient payés par la ville, qui regardait cette charge

______

(1) Archives de la ville d'Orléans, première liasse, quatrième section.

comme très-onéreuse (1). Ils s'en plaignirent souvent.

Orléans avait pour gouverneur, disons-nous, en 1428, le sire de Gaucourt, bannéret normand d'une grande réputation militaire; il était déjà vieux, et depuis trente-cinq ans qu'il faisait la guerre il ne laissait échapper aucune occasion de se signaler; il se trouva à Rosebec, à Nicopolis, et défendit vaillamment pendant huit mois la ville d'Harfleur contre Henri V; en dernier lieu il avait été fait prisonnier à la bataille de Verneuil; le parti royaliste sentit vivement la perte d'un si vaillant capitaine; le besoin d'argent obligea Bédfort à prendre les rançons que les chevaliers français offraient pour leur liberté : le sire de Gaucourt paya la moitié de la sienne, en demandant un délai pour payer l'autre partie (2), ce qui lui fut accordé. D'après les lois de la guerre, un chevalier dont la rançon n'était pas entièrement acquittée ne pouvait *chevaucher*, c'est-à-dire se battre en rase campagne,

(1) En 1390, le sire de Bonnet réclama le paiement des deux années 1388 et 1389. Le conseil du roi condamna la ville à lui payer 400 livres, et 100 livres d'amende en sus. (Archives de la ville d'Orléans, 1re liasse, 4e section.)

(2) Histoire d'Angleterre, Thoiras, tome IV, p. 230.— Rymer, t. IV.

mais il jouissait de la faculté de concourir à la défense d'une ville assiégée. D'après ce principe le sire de Gaucourt accepta le commandement de la ville d'Orléans; il sut bientôt gagner la confiance de ses généreux habitans.

Le comte de Salisbury, décidé à former le siège d'Orléans, commit la faute de ne pas brusquer l'entreprise; il battit le plat pays et n'arriva dans le voisinage de cette ville que le 1<sup>er</sup> octobre; il poussa une forte reconnaissance sous les murs d'Orléans par le côté d'Ingré (1). Le sire de Gaucourt sortit avec l'élite de la garnison, arrêta la reconnaissance, la battit, et rentra en triomphe; l'ennemi se replia sur Janville qui lui appartenait. Le sire de la Poll, détaché depuis plusieurs jours, passa la Loire auprès de Jergeau, explora la rive gauche sur une étendue de huit lieues, et vint tâter la tête du pont d'Orléans et le chemin d'Olivet; s'étant trop en-

(1) Nous avons suivi, pour l'histoire de ce siège, les histoires de St.-Syphorien Guyon, l'anonyme qui se trouve imprimé à la suite de Léon Tripault, et François Lemaire; ces trois écrivains donnent des détails du siège jour par jour. Bien d'autres historiens, tous plus modernes, ont écrit sur le même sujet, mais n'ont fait que répéter ce qu'ont dit leurs devanciers. On nous dispensera de citer à chaque nouveau fait les sources ci-dessus désignées.

gagé dans le faubourg Saint-Augustin, il fut repoussé, essuya une perte considérable, et se vit
obligé de se réfugier dans Beaugenci, occupé
par les troupes anglaises. Salisbury, passant à
son tour la Loire à Mehun, dont la trahison lui
avait ouvert les portes, remonta la rive gauche
et livra au pillage Cleri, dont les habitans voulurent opposer quelque résistance, et vint par
Saint-Privé reconnaître le faubourg qui mas-
quait la tête du pont. L'incendie de Saint-Augustin durait encore, et s'étendait la longueur
d'une demi-lieue. Les Anglais essayèrent inutilement de l'éteindre; la chronique dit que la
flamme, d'un bleu céleste, se renversait sur les
Anglais sans jamais se diriger vers les tournelles.
Salisbury fut obligé de prendre position assez
loin de la rive gauche : il distribua le commandement de ses quartiers à ses lieutenans, au
nombre desquels on comptait les plus habiles généraux du parti anglais, Talbot, Suffolk, Roos,
la Poll, Thomas Guerard, Lancelot de Lille, Gil-
bert de Lescalle, Guillaume de Rochefort; il menait également à sa suite quelques nobles appartenant à l'ancien parti modéré; ces hommes
pervers, repoussés par leurs compatriotes, ne
trouvaient d'asile que dans le camp des ennemis
de la patrie.

Pendant que les Anglais faisaient sur la rive gauche les mouvemens préliminaires, des chevaliers français, des nobles des provinces voisines, accoururent se jeter dans Orléans afin de défendre ce boulevard de la monarchie. La crainte de perdre une ville si importante réveilla Charles VII plongé dans la mollesse, et toujours retenu sous le charme de La Trémouille; pour comble de maux, Richemont disgracié ne pouvait faire agréer ses services; Dunois seul fut jugé capable de conduire au secours des assiégés un renfort considérable. Ce général partit de Gien à la tête de 1,500 hommes de noblesse, et entra dans Orléans le 4 octobre par la porte de Bourgogne; les maréchaux de Boussac, de La Fayette, Xaintrailles, Guitry, Giresme, Thouars, Malet de Graville l'accompagnaient. La vue de ces guerriers qui depuis vingt ans prodiguaient leur vie pour la défense de la cause commune transporta d'enthousiasme les Orléanais, ils jurèrent de s'enterrer sous les débris de leur cité plutôt que de voir flotter sur ses murs l'étendard de l'Angleterre.

Outre le désir d'acquérir de la gloire et de justifier la confiance de son roi, une autre considération faisait agir Dunois dans cette circonstance. Il tenait à cœur de sauver une ville qui était le principal apanage de son frère, retenu prisonnier à Londres depuis quatorze ans. Les villes voisines, Blois, Chartres, Tours, Vendôme, et même Bourges, envoyèrent des hommes, de l'argent et des vivres; ces secours étaient d'autant plus nécessaires que le comte de Salisbury montrait beaucoup d'opiniâtreté dans son entreprise. Ce général se rapprocha de la rivière le 10 octobre, et s'établit au milieu des débris encore fumans du faubourg Saint-Augustin; il s'empara de l'église, dont la toiture venait de s'écrouler, néanmoins les quatre murs restaient debout. Il s'en servit pour élever des travaux à l'aide desquels il pût attaquer avec moins de danger la masse des fortifications de la tête du pont. Il tira parti également de quelques maisons échappées aux flammes, et y établit des batteries de machines tellement fortes qu'elles lançaient des pierres sur l'autre rive dans les premiers quartiers de la ville; une de ces pierres, disent les historiens d'Orléans, tomba dans la rue des Petits-Souliers, sur le logement d'un bourgeois qui dînait avec sa famille; elle perça le toit, les deux étages supérieurs, et vint choir sur la table sans blesser personne. On en remercia saint Aignan, très-révéré dans ce pays.

Cette attaque assez vive fit sensation sur les

habitans ; elle précéda d'un jour l'entrée de Dunois. Lorsque le bâtard parut aux barrières, le sire de Gaucourt passa les ponts-levis, et alla le recevoir, en lui offrant de se démettre, entre ses mains, du commandement ; mais Dunois le refusa, entra dans la ville, et il en sortit le surlendemain pour aller chercher à Blois un second renfort, que le maréchal de Saint-Sever rassemblait depuis quelque temps.

Le 21 octobre au matin, les Anglais firent les apprêts d'une attaque générale dans le but d'attaquer les tournelles et les fortifications qui masquaient ce poste important. L'assaut commença à midi : le sire de Gaucourt, qui l'avait prévu, fit filer par le pont ce qu'il avait de plus brave dans sa garnison ; les machines de guerre le servirent au-delà de ses espérances : elles écartèrent pendant long-temps les assaillans ; mais comme l'action se prolongeait outre mesure, il arriva que les munitions s'épuisèrent, et les pièces ne purent plus jouer. Profitant de cette heureuse circonstance, les Anglais comblèrent les fossés, et montèrent à l'escalade en se servant d'énormes échelles ; mais, par un mouvement spontané, les assiégés couvrirent en entier les remparts, et joignirent l'ennemi. Les bourgeois rivalisèrent d'ardeur avec les soldats et les chevaliers ; les femmes accouraient de la ville, et au milieu d'une nuée de traits elles distribuaient aux Français du vin, des vivres et des rafraîchissemens : plusieurs d'entre elles arrivèrent jusqu'aux créneaux, et en vinrent aux mains avec les Anglais. Enfin, après un assaut qui dura six heures, l'ennemi, ayant essuyé une perte considérable, fut obligé de se retirer dans ses quartiers. Mais, de leur côté, les assiégés avaient payé cher leur victoire : ils perdirent 400 soldats, tués sur les remparts; les officiers les plus distingués furent blessés, tels que les sires de Guittry, de Villars, de Giresme et même Xaintrailles.

Gaucourt, connaissant les Anglais assez entreprenans pour recommencer l'action, et se jugeant hors d'état de se maintenir à la tête du pont, abandonna le boulevard ainsi que les tournelles, et rompit derrière lui les deux premières arches du pont; il fit élever avec beaucoup de promptitude des travaux sur la troisième arche , afin d'empêcher l'ennemi d'aborder de ce côté-là. Voyant le mouvement rétrograde des Français, le comte de Salisbury occupa les tournelles, le poste le plus voisin de la ville; il en confia le commandement à Jean de Glacidas , guerrier aventureux qui savait, par son assurance, relever la confiance des soldats. Ce capitaine établit aussitôt une batterie, et se mit à tirer sur les travaux du pont, en criant d'une voix terrible aux Français qui s'y tenaient renfermés : « Je vous ferai tous pendre lorsque nous aurons pris Orléans. » On lui répondit par de furieuses décharges, qui finirent par faire taire ses batteries.

Le comte de Salisbury, voyant approcher l'hiver, désespérant de se rendre maître de la ville en l'attaquant par le pont, résolut de se porter sur la rive droite du fleuve avec toutes ses forces, et de bloquer la place en fermant étroitement toutes les issues. Pour aviser à l'exécution de ce plan, il se rendit, le 24 octobre, sur le haut des tournelles. De ce lieu il dominait Orléans, pouvait d'un regard en embrasser l'ensemble, et découvrir les positions les plus importantes. Dans le moment où il se tenait debout sur les créneaux pour mieux voir, un boulet de pierre parti de la tour de Notre-Dame vint le frapper, et lui enleva la moitié de la tête ; il tomba aux pieds des généraux qui l'accompagnaient : on l'emporta sans bruit à Mehun, où il expira le 3 novembre (1), en exhortant ses

(1) Sa veuve épousa le comte de Suffolk. Il ne laissa

lieutenans de pousser le siège avec une nouvelle
ardeur. Malgré tous les soins que les Anglais
mirent à cacher cet événement, les Orléanais
en furent bientôt instruits; ils s'en réjouirent,
et regardèrent la mort du comte de Salisbury
comme un châtiment du ciel qui avait voulu le
punir de la destruction de l'église de Cléri, célèbre dans la contrée. Les assiégés ne doutaient
point qu'après un pareil échec les Anglais ne
se retirassent vers Paris; mais leur joie fut de
courte durée, car ils furent informés que, loin
de battre en retraite, les Anglais, qui venaient
de recevoir de nouveaux renforts, s'apprêtaient
à les attaquer par les côtés les plus vulnérables.
Néanmoins ce que cette nouvelle avait de fâcheux fut balancé par l'arrivée de Dunois. Ce général prit le commandement de la ville, en rem-
placement du sirc de Gaucourt, qui, trois jours
auparavant, était tombé avec son cheval dans la
rue de l'Ormerie, devant Saint-Pierre-en-Pont.
On releva ce capitaine; on le porta aux Étuves:
il paraît que sa blessure fut très-grave, car il
n'est plus question de lui durant le siège (1).

qu'une fille; elle se maria avec Richard Nevil, qui prit le
titre de comte de Salisbury.

(1) Il mourut en 1462, à l'âge de quatre-vingt-dix ans,
sans avoir cessé de rendre des services à l'Etat.

Dunois débuta par faire augmenter les fortifications qui défendaient le pont. L'ouvrier Jean
d'Huis y établit plusieurs batteries qu'il dirigeait
avec une rare habileté; les coups en étaient lents
mais sûrs. D'Huis avait avec lui un autre artil-
leur, nommé maître Jean, Lorrain d'origine,
réputé le meilleur tireur d'arbalète de la province
On sait que l'exercice de cette arme était devenu
général en France, et que Charles V avait même
institué des prix que l'on distribuait dans les
villages, le dimanche, à l'issue de vêpres.

Maître Jean se plaçait chaque jour aux palissades extérieures de l'arche rompue, et dirigeait
ses viretons contre les gens de Glacidas, dont il
n'était séparé que par un espace de 20 pieds
environ. Les officiers anglais tenaient à cœur de
se défaire de ce redoutable adversaire, qui mettait hors de combat leurs meilleurs soldats; aussi
dès qu'il paraissait aux créneaux, où d'ailleurs il
s'annonçait toujours par des *gausseries*, une pluie
de traits tombait sur lui; très-souvent il se laissait
choir comme s'il était frappé d'un coup mortel, on l'emportait; alors les Anglais exprimaient
vivement leur satisfaction, mais cette joie durait
peu, car il reparaissait quelques instans après,
et ses terribles coups prouvaient trop bien qu'il
n'avait pas cessé de vivre.

Le régent Bedfort, sentant l'inconvénient de mettre une trop grande autorité dans la main d'un seul homme, ne voulut pas nommer un autre généralissime pour succéder au comte de Sâlisbury ; il partagea le commandement entre ses quatre premiers lieutenans, Suffok, Talbot, Fastoff et Glacidas, sauf à régler entre eux leurs attributions. Les quatre généraux passèrent quelques jours à Mehun, pour se concerter sur la manière dont on poursuivrait le siège. Ils décidèrent de tenter un nouvel effort vers le pont : en conséquence ils reprirent leurs anciennes positions, et firent d'inutiles attaques, les 20 et 22 décembre 1428. La solennité de la Noël fut l'occasion d'une trève de quarante-huit heures ; et comme ces deux jours de fêtes se passaient ordinairement autant en divertissemens qu'en prières, les Anglais voulurent s'amuser, mais les joûeurs d'instrumens leur manquaient ; ils en demandèrent à la ville. Dunois leur en envoya sur-le-champ.

Le 31 décembre au matin, le sire de Chabannes fit une sortie avec 100 cavaliers pour protéger l'entrée de plusieurs charges de farine venant de la Bourgogne, mais il fut assailli auprès de Mardié par 300 chevaux que commandait le sire de Scalles. Il reçut plusieurs blessures graves, et ses gens se virent obligés de battre en retraite précipitamment. Les Anglais les poursuivirent jusque sous les murs d'Orléans en les accablant d'épithètes injurieuses, procédé peu usité parmi des gens de guerre; aussi les Français s'en montrèrent-ils fort irrités. Deux chevaliers gascons, nommés Vedelle et Gasquet, qui faisaient partie du détachement du sire de Chabannes, sortirent le soir du même jour, précédés d'un héraut, et offrirent un coup de lance aux plus hardis des assiégeans. Un Anglais et un Bourguignon se présentèrent; ils furent tous les deux vaincus, et jetés sur la poussière. Dunois encourageait ces sortes de défis, qui étaient dans les mœurs françaises et qui servaient à tenir les esprits dans l'exaltation. Pour réparer cet affront, les Anglais recommencèrent à tirer; leurs batteries jetaient des pierres énormes; un de ces boulets, dit l'historien anonyme d'Orléans, tomba sur une réunion de 100 bourgeois, et ne blessa personne; seulement il frappa l'un d'eux au pied, et lui enleva le soulier sans lui faire mal.

Le 1er janvier 1428 (l'année commençant à Pâques), les Anglais établirent sur la rive gauche un gros canon qu'ils appelèrent *passe-volant*, au moyen duquel ils détruisirent douze

moulins qui touchaient les premières arches du
pont du côté de la ville : les habitans réparè-
rent promptement cette perte, en construisant
d'autres moulins tournés par des chevaux. Le 18
du même mois, l'amiral Jean de Culant arriva
avec 3oo hommes de renfort et un convoi de
vivres ; chaque semaine il entrait quelques détachemens, ce qui alimentait la garnison, et la
tenait toujours au complet. Ceci raffermit les
généraux anglais dans la résolution d'établir le
centre de leurs opérations sur la rive droite, et
d'investir la place de manière à fermer toutes
les issues. Ils croyaient y parvenir d'autant plus
facilement qu'il venait de leur arriver un renfort de 6,ooo hommes, envoyé de la Picardie
par le duc de Bedfort, de sorte que Suffolk et
ses collègues avaient à leur disposition plus de
2o,ooo combattans ; mais il en aurait fallu au
moins le triple pour cerner étroitement la ville
et tenir les deux côtés de la Loire.

Glacidas resta aux tournelles avec une forte
division ; il reçut l'ordre de brusquer une attaque s'il s'en présentait une occasion favorable, et de jeter le long de la rive de petits détachemens, afin d'intercepter toute communication avec les provinces voisines. Ces dispositions étant prises, les généraux anglais remon-

tèrent la Loire jusqu'à Jergeau, la passèrent sur ce point avec toutes leurs forces. Ce mouvement demanda beaucoup de temps, et ne fut terminé que le 29 janvier. Enfin, l'armée étant en ligne, ses chefs résolurent de convertir le siège en blocus, sans tenter aucune attaque sérieuse. Ils firent battre ensuite la campagne, et mirent en réquisition un nombre considérable d'ouvriers : avec le secours de ces pionniers, qu'ils faisaient travailler par force, ils construisirent asséz promptement six tours ou bastilles capables de contenir 1,000 hommes; elles étaeint faites de terre et de planches; dans l'intervalle de l'une à l'autre, ils en construisirent de plus petites pouvant loger 100 hommes (1). Les Anglais essayèrent de lier ces forts entre eux par un double rang de fossés, mais le temps leur manqua pour terminer ce grand ouvrage; néanmoins, la ville se trouvait ainsi entourée d'une ceinture de fortifications, qui formait un arc dont la Loire était la corde. Les cinq grandes tours bâties au-delà de la rive droite furent appelées les bastilles de Paris, de Rouen, de Windsor ou de Saint-

(1) Les historiens anglais, notamment Thoiras, disent qu'on en construisit soixante, tant grandes que petites.

Laurent, de Saint-Loup, de la Croix-Boisée. Il s'est élevé de grandes discussions pour fixer la véritable place de ces bastilles ; il n'est point dans notre sujet de nous appesantir sur ce différend( 1 ); seulement nous affirmerons qu'elles étaient, à l'égard de la ville, hors de portée de trait : les Anglais commirent la faute de mettre une trop grande distance entre elles ; par exemple, la bastille St.-Loup, bâtie sur la terrasse d'un couvent de religieuses baigné par la Loire, se trouvait à trois quarts de lieue de la bastille de Paris, de sorte que les assiégés faisaient des sorties dans cet intervalle, et allaient chercher sans danger les convois de vivres qui leur venaient de la Beauce.

Les Anglais construisirent d'autres bastilles au nombre de trois sur la rive gauche : la première aux Augustins, en face des tournelles, ils l'appelèrent *Londres* ; la seconde, dite de St.-Jean-le-Blanc, à droite des tournelles ; la troisième, de St.-Privé, à la gauche des Augustins ; enfin ils en bâtirent une quatrième dans l'île Charlemagne, dont ils s'emparèrent : ce point devint pour eux de la plus haute importance ; car au moyen de

---

( 1 ) Voyez à cet égard les dissertations fort lumineuses contenues dans *l'Indicateur orléanais* de M. Vergniaud.

cette île, ils lièrent les deux rives par des ponts
de bateaux, de sorte que la division de Glacidas,
laissée aux tournelles, pouvait communiquer
très-facilement avec le corps principal placé sur
la rive droite. Le gros de l'armée et Talbot, qui
exerçait une haute prépondérance sur ses collègues, se logèrent dans un camp retranché
derrière la bastille qui fermait la route de Paris.

Ces nouvelles dispositions effrayèrent les Orléanais, car ils désespéraient que l'on pût faire
entrer des renforts dans la place. Dunois redoublait d'activité pour soutenir leur résolution :
il ne cessait de dire que le roi allait venir lui-
même au secours d'une ville qu'il chérissait.
Au reste la situation des Anglais était aussi critique que celle des assiégés; car ayant consommé
les vivres de toute la province, ils ne pouvaient
s'en procurer que très-difficilement; d'ailleurs
on se ressentait encore d'un fléau qui avait affligé
une partie de la France, les hannetons venaient
de gâter cette année toutes les récoltes (1).
Bedfort fut obligé d'envoyer des farines de la Normandie et de la Picardie; il y joignit aussi deux
cents pièces de vin, qu'il enleva de Paris :
les Anglais aimaient beaucoup cette boisson,

(1) Journal de Paris, édit. Labarre, in-4°, p. 115.

dont ils étaient privés chez eux; aussi s'emparaient-ils de tous les celliers. Les réquisitions de vin dont Bedfort frappait la ville de Paris pour approvisionner l'armée firent augmenter tellement cette denrée, que les habitans se virent obligés de boire de la bière, comme ceux de Bruxelles et de Londres. Il s'établit alors à Saint-Denis et à Paris des brasseurs, dont les facteurs criaient dans la rue la bière comme on avait coutume de crier le vin, dit la chronique. La bière s'appelait alors la *servoise*. Celle de Saint-Denis était mieux faite, et coûtait plus cher(1).

Cependant beaucoup de convois envoyés par Bedfort n'arrivaient point à leur destination : ils étaient enlevés par les coureurs français. La disette se faisait sentir dans le camp. Bedfort redoubla d'efforts pour ravitailler l'armée. Il réunit à Mantes une grande quantité de farines et de poissons salés, principalement des harengs : on était alors en carême. On sait que dans ce siècle les gens de guerre observaient rigoureusement les coutumes religieuses. Ces vivres furent placés sur cinq cents chariots, dont la moitié avaient été fournis par la ville de Paris : il se mêla dans le convoi beaucoup de marchands

(1) Journal de Paris, p. 117.

qui allaient vendre différentes denrées. L'escorte se composait de 1,700 hommes, tous archers à pied, réputés les meilleurs soldats de l'Angleterre. Ils furent placés sous les ordres de Fastoff, qui prit pour lieutenans le sire de Ramston, le bâtard de Thiard, les baillis de Senlis et de Melun, et Simon Morhier, Français de la faction des modérés, devenu prévôt de Paris (1), le même qui s'était fait prendre deux ans auparavant sur les remparts de Montargis.

Bedfort ne put cacher le départ de ce convoi; il eut lieu le jour des Cendres. Les Français de toutes classes servaient merveilleusement les généraux de Charles VII; ils les informaient des moindres mouvemens de l'ennemi. Le comte de Clermont, fils du duc de Bourbon, apprit par eux qu'un convoi très-considérable allait partir de Paris pour le blocus; il rappela aussitôt les détachemens qui battaient la campagne; il fit prévenir du projet Jean de Stuart, connétable d'Écosse, débarqué en France le mois précédent avec 800 Écossais. Depuis quinze jours ce général cherchait à introduire un renfort dans la place; il attendait à Blois une occasion favorable; il fit dire au

(1) St.-Syphorien Guyon, *la Parthénie orléanaise*, in-12, page 51.

comte de Clermont qu'il se joindrait volontiers
à lui pour le seconder. Le prince français arriva
dans les environs de Vendôme. Les forces réunies
formèrent une belle division de 3,5oo hommes,
dont 1,5oo cavaliers ; les deux généraux coupè-
rent toutes les routes aboutissant à Orléans,
passèrent près de cette ville, et vinrent se rallier
sous les murs de Janville où ils trouvèrent Dunois
qui pendant la nuit s'était glissé avec 5oo hommes
à travers les postes ennemis. Le maréchal de
St.-Séver, l'un des généraux les plus expérimentés de cette époque, arriva par Vendôme ; il conduisait 1oo cavaliers. On se concerta pour savoir
si l'on irait au-devant de Fastoff, ou si on l'atten-
drait au passage. Il y eut peu d'accord dans ce conseil, comme cela arrivait lorsque plusieurs hauts
barons se trouvaient réunis pour quelque expédition. L'amour-propre, la jalousie des grands,
rendaient les querelles interminables ; les soldats
et les écuyers, témoins de ces débats, en profitaient
pour se livrer à la licence. Enfin, après une longue discussion, on convint d'aller au-devant de
l'ennemi qui suivait la chaussée d'Ivry ; les Français hâtèrent leur marche en se dirigeant vers
Rambouillet où ils trouvèrent le maréchal de
La Fayette qui se joignit à eux avec 1oo nobles.
Au lieu de choisir un défilé et d'y attendre Fas-

toff, on voulut se porter en avant. Le général anglais, apprenant l'approche des Français, quitta la chaussée, où il ne pouvait grouper son convoi; il descendit dans une terre grasse qui se trouvait sur sa gauche, s'adossa à un petit village, nommé Rouvray Saint-Denis, baigné par la petite rivière de la Vesgre; il forma de son convoi un grand parc en demi-cercle, les chariots bien serrés les uns contre les autres (1), comme les Flamands en avaient agi à la bataille de Mons-en-Puelle. Il éleva autour de ces chariots une ligne de palissades au moyen de piquets très-longs fichés en terre, la pointe inclinée en avant : on sait quel parti les Anglais en avaient tiré à la journée d'Azincourt; Fastoff, imitant Henri V, voulait opposer cet obstacle à la cavalerie qui formait la principale force des Français. Il laissa sur le contour de ce demi-cercle deux ouvertures libres. mais fort étroites, en forme d'entonnoir, pour que les Français fussent tentés de s'engager dans ce boyau. Il plaça ses archers, excellens tireurs, derrière les chariots, à gauche et à droite, en ordonnant au sire de Ramston, leur chef, de ne commencer les décharges qu'à demi-portée de trait; il

_______________

(1) St.-Syph. Guyon, p. 53.
(2) Idem, p. 54.

forma des nobles et des écuyers une division très-serrée, et se plaça avec elle au centre comme réserve. Ces dispositions étant prises, il fit une distribution de vivres et de vin; il resta une journée entière sans bouger de sa position. Enfin, le 12 février 1438, le premier samedi de carême (fin de l'année), vers quatre heures du soir, il aperçut les premiers éclaireurs français qui battaient le pays; bientôt après il vit déboucher par la chaussée toute l'armée, qui était en marche depuis plusieurs heures. Elle arriva sur le terrain hors d'haleine; car la crainte de laisser échapper l'ennemi occupait exclusivement les Français; elle fut de tout temps la cause de leurs revers. L'armée se forma en bataille pour attaquer sur-le-champ, quoique le jour baissât considérablement. Les contestations recommencèrent, et personne ne voulut suivre les ordres du comte de Clermont, qui, en sa qualité de prince du sang, se croyait en droit de commander. Dunois et le maréchal de La Fayette eurent la direction suprême. Ils placèrent en avant de leur front des pièces d'artillerie pour briser les chariots et détruire cette ligne de fortifications. On les fit soutenir par Jean Stuart et ses Écossais, dont la majeure partie était à cheval; on plaça derrière ceux-ci les gens du comte de Clermont, qui,

piqué de se voir enlever le commandement,
s'obstina à vouloir rester en réserve. On partagea
la cavalerie française en deux divisions : l'une,
conduite par Dunois, se mit sur le flanc gauche
afin d'envelopper la courbure que marquaient
les chariots ; la seconde division, marchant sous
les ordres de Guillaume d'Albret et de Xaintrailles,
se composait de Gascons; elle fut chargée de
forcer la droite. On convint que la cavalerie
s'abstiendrait de mettre pied à terre (1), et
qu'elle resterait en ligne, afin de charger dans
le parc lorsque l'artillerie ou les gens de pied
auraient pratiqué une grande ouverture sur un
point quelconque.

Il faisait presque nuit lorsque le jeu de l'artillerie commença; il porta l'effroi au milieu du
parc; car les marchands, terrifiés en voyant
plusieurs d'entre eux frappés par les boulets,
voulaient s'échapper au travers des chariots, afin
d'éviter la mort, qu'ils regardaient comme cer-
taine; mais Fastoff, conservant son sang-froid,
les retint par force; il craignait que la retraite
de ces hommes pusillanimes ne causât de la
confusion. Nul doute que cette seule artillerie
n'eût consommé la ruine des Anglais, s'ils

_______________

(1) St.-Syph. Guyon, p. 55.

n'eussent trouvé un auxiliaire puissant dans la présomption et l'indiscipline de leurs adversaires. Les Écossais, que l'on avait placés derrière les pieux, dominés par la haine nationale qui les animait contre les Anglais, ne purent se contenir; ils voulurent aborder corps à corps les ennemis naturels de leur patrie; ils se précipitèrent (1) vers l'ouverture laissée libre, et paralysèrent ainsi l'artillerie, dont ils masquèrent le front. Fastoff les laissa pénétrer dans le parc, et lança sur eux sa division en ordonnant de ne faire quartier à personne. Après un engagement opiniâtre, mais court, les Écossais furent accablés. Jean Stuart, son fils et James Bruce, tombèrent percés de coups; trois cents de leurs soldats périrent avec eux : le reste de cette troupe, sorti du fatal enclos, vint se replier en désordre sur les pièces, et fit reculer ceux qui les défendaient. Pendant cette attaque infructueuse, le sire d'Albret et Xaintrailles chargeaient sur les chariots avec leurs Gascons, espérant de se ménager une entrée en les séparant les uns des autres; mais l'obscurité les empêchant d'apercevoir les pieux dont la couleur brune se confondait avec celle du terrain, ils se

_______________

(1) St.-Syph. Guyon, p 56.

jettent dessus ; les chevaux, piqués au poitrail et aux jambes, se cabrent ; en peu d'instans le désordre le plus épouvantable se met dans ces escadrons. Les archers anglais, restés immobiles derrière les chariots, commencent alors leurs décharges ; la supériorité avec laquelle ils se servaient de l'arbalète rendait terribles les éffets de cette arme. Le sire d'Albret, désespéré de ce revers, se replie sur ses derniers rangs, et malgré la convention bien expresse il met pied à terre avec la moitié des siens, laissant les chevaux à l'autre portion ; il s'élance au pas de course vers l'ennemi ; les archers, les entendant venir, redoublent leurs décharges, dont rien ne garantissait les assaillans. La plupart des Gascons succombèrent dans ce court trajet. Le sire d'Albret, plus audacieux, s'engage dans les chariots, dont il essaie de rompre la chaîne afin de ménager aux siens une ouverture propice, mais il est haché sous les roues et expire en poussant un grand cri ; 200 nobles partagèrent son malheureux sort ; les autres, effrayés de la mort du chef, se retirèrent précipitamment vers ceux qui tenaient les chevaux ; ils communiquèrent l'épouvante à leurs compagnons d'armes ; alors l'air retentit du cri gascon *viras, viras* (1), *tourne*

_______________

(1) Journal de Paris, p. 117. — St.-Syph. Guyon, p. 57.

*tourne*, signal de la retraite ; Xaintrailles cherche en vain à les retenir : les chevaux abandonnés augmentent encore la confusion. Le même désordre régnait à l'autre aile , car Dunois, entendant que les gens du sire d'Albret en venaient aux mains avec l'ennemi , avait engagé également l'action. La présomption chevaleresque dominait tellement les esprits, qu'elle forçait les généraux à imiter les fautes de leurs collègues , lorsque ces fautes naissaient de l'audace. Dunois ne fut pas plus heureux que le sire d'Albret ; ainsi que lui, il mit pied à terre et courut vers les chariots, dans l'espoir de rompre cette barrière. Les archers le reçurent vaillamment, et firent pleuvoir sur les siens leurs redoutables viretons. Dunois les joignit, et combattit quelque temps parmi les pieux et les chariots ; mais il reçut à la jambe gauche une forte blessure qui le fit tomber : ses écuyers l'arrachèrent de la mêlée, et le remirent sur son cheval (1). Dans cet état précaire, il conserva son sang-froid : il le possédait à un rare degré, quoiqu'il fût encore dans l'ardeur de la jeunesse. Il rallia 3oo cavaliers, et quitta lentement le champ de bataille, n'espérant plus balancer la fortune, car tout le centre

(1) St.-Syph. Guyon, p. 5g.

fuyait en désordre devant les Anglais, qui étaient sortis du parc comme des furieux.

Fastoff, voyant le succès de ses archers surpasser ses espérances, s'élança par les issues laissées libres, fondit sur les pièces, s'empara des unes, renversa les autres, et attaqua les Écossais qui venaient de se rallier derrière les batteries; il les dispersa une seconde fois, sans que les gens du comte de Clermont accourussent à leur secours; bien au contraire, cette réserve, formant les deux tiers de l'armée, se jeta précipitamment dans les bois d'Anet. Le comte de Clermont laissa, dit-on, accabler les Gascons et les Écossais, pour les punir d'avoir méprisé sa qualité de prince du sang. Jean Stuart, son fils, et son cousin James Bruce, expirèrent le lendemain : ce dernier mourut ainsi les armes à la main, sur la terre de ses aïeux, car Jean Bruce, ou plutôt Bruc, était d'origine bretonne; lui et David Bruc, son grand-oncle, roi d'Ecosse, descendaient de Guethenoc de Bruc, chef de tribu bretonne, qui accompagna en Angleterre Guillaume-le-Conquérant et commanda l'avant-garde à la bataille d'Hastings. Guethenoc reçut des terres considérables dans le comté d'York; ses enfans passèrent en Ecosse, où ils fondèrent une branche dont les aînés montèrent sur le trône des Mal-com (1). Ainsi, par une opposition singulière, James fut tué en combattant contre Henri VI, dont les aïeux avaient trouvé dans ceux du sire de Bruc de vaillans défenseurs.

Ainsi fut livré le combat de Rouvrai, que les Anglais appelèrent par dérision la *journée des harengs* : le convoi mené par eux contenait quantité de ce poisson. Ce revers coûta la vie à 700 hommes dont 150 nobles de grande famille, parmi lesquels on comptait, outre les deux Stuart et le seigneur d'Albret, Louis de Roche-chouart, sire de Montpipau, les seigneurs de Châteaubrun, de Naillac, de Belleville, de Cha-bot, de Verduisen, de Beaufremont, de Thouars, d'Yvray, Jean Lesgot et Pierre de Courtarvel, fils de Foulques, tué à la bataille de Beaugé (2). Les corps de ces barons furent enlevés quel-ques jours après, et apportés à Orléans ; on les enterra dans l'église Sainte-Croix (3). Les

(1) Cette origine est commune à la famille de Bruc de Bretagne, l'une des plus anciennes et des plus illustres du royaume : elle n'a cessé pendant huit siècles de jeter un grand éclat dans les armes, et s'est perpétuée jusqu'à nos jours.

(2) Ce Foulques était le même que celui qui défendit d'une manière héroïque Beaumont-le-Vicomte.

(3) St.-Syph. Guyon, p. 58.

Anglais ne firent quartier à personne ; ils épargnèrent un seul Écossais, jeune bachelier de vingt ans ; ils l'amenèrent avec eux. voulant qu'il fût pour Suffolk un témoignage vivant de cette victoire. Bedfort envoya le collier de la Jarretière à Fastoff, officier d'une extraction obscure (1), mais d'un courage rare. Jamais récompense ne fut mieux méritée, car il paraissait évident que l'on était redevable du succès à la sagesse et aux savantes dispositions de ce général. Fastoff distribua d'autres récompenses bien moins méritées ; il fit chevaliers le sire d'Orville, Pierre Rollin et Jean de Luxeuil, Français du parti modéré. Pendant que ces ennemis de la patrie recevaient le prix de leur félonie, Dunois, accompagné du maréchal de La Fayette, de St.-Sever, de Xaintrailles et de 5oo cavaliers, traversait la Beauce ; il parvint à regagner Orléans, força les quartiers ennemis, et rentra dans la ville qu'il trouva consternée, car la nouvelle de la défaite de Rouvrai l'y avait précédé : en le voyant lui-même blessé, les habitans tombèrent dans l'abattement. Un nouvel incident vint augmenter les alarmes ; les assiégeans, voulant profiter de la consternation générale,

(1) Biographia Britannica.— Kippis.— Sandorf.

livrèrent un assaut. Ils firent jouer un canon placé contre la porte de Paris, et envoyèrent quantité de boulets, dont un tomba sur l'auberge de la Tête-Noire dans la rue des Hôtelleries, et tua un marchand nommé Jean Turquois et deux autres bourgeois (1). Les soldats anglais criaient par *gausserie* aux assiégés : Ah! mes beaux harengs. Cependant cet assaut n'eut pas les résultats qu'ils en espéraient. Dunois parvint à les déloger des points qu'ils avaient enlevés. Il eut plus de peine à déjouer les intrigues que les partisans des Anglais ourdissaient sourdement. Les modérés s'agitaient depuis long-temps pour ébranler la fidélité des bourgeois; mais ceux-ci ne désertèrent jamais la sainte cause de la France. Les modérés ne cessaient de publier les nouvelles les plus alarmantes : ils proclamaient avec joie qu'une nouvelle alliance venait d'être formée entre le duc de Bretagne et le duc de Bedfort par l'entremise de Jean de Bruc, évêque de Tréguier, assisté de Jean de Sesmaisons, abbé de Quimperlé, ce qui était vrai; ils ajoutaient que le régent avait pris la résolution de brûler la ville, de la saccager de fond en comble, si la défense se prolongeait au-delà d'un terme qu'ils disaient

(1) St.-Syph. Guyon, p. 66.

fort rapproché. Ces bruits sinistres ébranlèrent quelques Orléanais; les plus timides parlaient de se rendre. Dunois, sachant ce qui se passait dans le public, jugea que le plus important était de gagner du temps pour laisser calmer cette exaltation passagère; en conséquence, il ne repoussa point l'idée de rendre la place, il parut même entrer dans ce projet, seulement il présenta un terme moyen qui devint par le fait la principale cause du salut d'Orléans : il proposa dans le conseil qu'avant d'ouvrir les portes à l'ennemi, on envoyât une ambassade au duc de Bourgogne pour le supplier de servir de médiateur entre les Anglais et les habitans, et de prendre la ville en dépôt, jusqu'à la délivrance du duc d'Orléans qui en était le seigneur suzerain. On sait que ce prince, fait prisonnier à la bataille d'Azincourt, gémissait dans les fers depuis plus de douze ans. Les hommes sages du conseil, comprenant la pensée de Dunois, applaudirent à ce projet, dont les habitans furent bientôt instruits ; ils s'en réjouirent, et les têtes se calmèrent. On choisit sur-le-champ dix notables (1) pour porter ce message, Xaintrailles devait les accompagner. On demanda à Suffolk

(1) St.-Syphorien Guyon, p. 71.

le libre passage de ces parlementaires qui allaient, disait-on, à Paris pour traiter de la reddition de la place avec le duc de Bedfort; heureusement que le général anglais commit la faute de laisser sortir la députation ; il resta même sur la défensive, et ne poussa point les travaux. Il entra dans la capitale le 4 avril 1429, jour de la Saint-Ambroise (1). Le surlendemain du départ des notables, Talbot, Suffolk et Scalles députèrent, le 22 février, en parlementaire un héraut suivi de quelques varlets. On crut que c'était pour sommer la place: on les admit, afin de connaître les prétentions des Anglais ; mais on se trompait sur l'objet du message. Les généraux offraient en présent à Dunois plusieurs plats d'argent remplis de figues, de raisins et de dattes, en le suppliant de leur céder en échange du drap ( de la panne) pour faire des manteaux, car le froid se prolongeait plus que de coutume. Le Bâtard fit remettre au héraut une grande quantité de drap ( St.-Syphorien Guyon, p. 74).

La députation des Orléanais alla trouver le duc de Bourgogne à Beauvais; leur proposition charma tellement Philippe-le-Bon qu'il se rendit sur-le-champ à Paris pour traiter cette affaire avec le régent: il ne pensait pas que ses désirs

(1) Journal de Paris, p. 119.

pussent rencontrer d'obstacles. Il fut trouver Bedfort, qui habitait alors l'hôtel Larivière. La suite la plus brillante accompagnait le Bourguignon; une foule de peuple se pressait sur ses pas; on était curieux de savoir ce qui l'amenait à Paris, car il n'y venait que dans des circonstances notables. Mais combien grande était son erreur! l'idée de remettre Orléans au duc de Bourgogne fit frémir le frère de Henri V; il répondit sèchement : « Les Anglais ne battent pas les buissons pour que les autres prennent les oisillons (1)». En disant ces mots, il demanda ses *houzeaux* ( ses bottines ), son destrier et ses faucons pour aller chasser, quoiqu'il fît très-froid. Ainsi en avait agi Jean-sans-Peur, en 1414, vis-à-vis les ambassadeurs de Charles VI. Ce refus, et surtout les formes qui l'accompagnèrent, blessèrent au dernier point la fierté de Philippe, qui sortit à l'instant de Paris; il envoya au blocus deux officiers de sa maison pour intimer l'ordre aux chevaliers bourguignons, flamands et picards de quitter sans délai le siège, et de rentrer dans leurs foyers; ce que les nobles firent sur-le-champ, car ils servaient à regret la cause de Henri VI; « de quoi la puis-

______

(1) Tous les historiens français et anglais.

sance des Anglais, dit la chronique, s'affaiblit
fort (1). » La défection de ces alliés fut d'autant plus sentie, que Fastoff n'avait pu rester
au camp avec ses 1,700 hommes, attendu que
le régent, ayant besoin de troupes pour garder
Paris et les places voisines, lui avait donné l'ordre
de revenir lorsque le convoi serait arrivé à sa
destination. On apprit bientôt dans la ville la
retraite des Flamands et des Bourguignons. Dunois dut s'applaudir d'avoir jeté cette pomme
de discorde, et fit valoir cette circonstance pour
relever le courage des assiégés. Il ne lui fut pas
difficile de leur faire croire que le duc de Bourgogne quittait l'alliance de l'Angleterre pour
se réunir à Charles VII. Xaintrailles et les bourgeois composant la députation arrivèrent peu de
jours après le départ des Bourguignons; ils rentrèrent dans la ville sous un nouveau prétexte.
Ils demandèrent que les notables fussent réunis
sur-le-champ à l'hôtel-de-ville, à l'effet d'y entendre une communication importante: les syndics, les quarteniers, les anciens, accoururent
de tous les points; la population entière se rassembla autour du palais; la députation fut in-
troduite; Xaintrailles prononça d'une voix émue

______

(1) Histoire anonyme de Charles VII, p. 104.

les paroles suivantes : « Le duc de Bourgogne n'a pu rien obtenir de Bedfort pour la ville d'Orléans ; le régent exige qu'elle se rende à discrétion ; il veut la traiter comme Harfleur, c'est-à-dire la peupler d'Anglais, et emmener les habitans prisonniers à Calais, pour les transporter dans le pays de Galles. » Xaintrailles fut alors vivement interrompu par les notables : « Nous périrons tous sous les débris de notre cité, s'écrièrent ces hommes généreux, plutôt que de subir une pareille loi. » La foule, rassemblée au dehors, répéta par acclamation le même serment : les esprits étaient dans une disposition admirable pour recevoir une forte impulsion. Dunois n'eut garde de laisser échapper une pareille occasion ; il apprit le soir même aux Orléanais que le roi leur envoyait un convoi considérable conduit par une jeune fille que le ciel suscitait pour confondre les Anglais. Depuis trois jours, le gouverneur avait reçu ce message, qu'apportèrent deux hommes venus à la nage, et qui entrèrent dans Orléans par les moulins ; mais Dunois avait voulu attendre le retour de la députation pour publier le contenu de la dépêche du roi. La foi était alors très-vive ; les Français, fortement occupés des malheurs publics, pouvaient croire que le ciel ferait des miracles pour leur délivrance. Les imaginations s'exaltèrent ; le nom de Jeanne d'Arc était dans toutes les bouches. On ajoutait chaque jour quelque nouvelle particularité aux premiers récits ; on disait que cette jeune fille avait une origine mystérieuse ; qu'elle devait le jour à la reine Isabeau et à Louis d'Orléans, et que le ciel l'envoyait pour réparer les maux causés par ses parens. Cette fable s'accrédita parmi le vulgaire, qui regardait comme naturel que la fille de Louis d'Orléans voulût délivrer la ville apanagère de son père. On ajoutait que dans son enfance, lorsqu'elle gardait les brebis, elle voyait souvent les petits oiseaux des bois venir manger du pain dans son giron, comme s'ils eussent été privés (1).

Élevée dans la haine du nom anglais, témoin des ravages exercés dans son pays par les troupes d'Henri VI et du duc de Bourgogne, Jeanne d'Arc ne cessait d'adresser au ciel les vœux les plus ardens pour le salut de la France ; dans son humble condition elle n'était occupée que de cet objet. Son imagination ardente lui montra Dieu exauçant ses prières, la désignant même pour accomplir ce grand œuvre. Le siège d'Or-

____

(1) Journal de Paris, p. 122.

léans, qui durait depuis sept mois, occupait les esprits, c'était le sujet des conversations; la destinée de la France semblait être attachée à la possession de cette ville; de tous les points du royaume on voyait partir des volontaires qui allaient grossir l'armée que l'on réunissait à Chinon pour faire lever le siège. Les hommes de toutes les conditions, nobles, magistrats, écoliers, moines, bourgeois, paysans, se dirigeaient sur ce point; cet exemple pouvait fort bien enflammer une ame aussi ardente que celle de Jeanne. Cette fille robuste, intrépide, s'était familiarisée de bonne heure avec les exercices pénibles. Elle prit la résolution d'aller joindre les troupes du roi; une voix secrète lui disait que Dieu voulait se servir de son bras pour abaisser l'orgueil de l'Angleterre. Elle se présenta devant Robert de Baudricourt, gouverneur de Vaucouleurs, petit pays appartenant à la France quoique enclavé dans la Lorraine.

Nous ne parlerons pas ici des aventures surnaturelles de Jeanne d'Arc, tout le monde en connaît les détails. Cette héroïne partit de Vaucouleurs vers le commencement du mois d'avril ( fin de l'année 1428 ), elle était accompagnée de ses deux frères et de deux écuyers de Baudricourt; elle arriva le 16 avril à Chinon où se trouvait

Charles VII qui faisait un dernier effort pour réunir un nouveau convoi et une division de troupes. Les exhortations de la vertueuse Marie d'Anjou, sa femme, l'avaient tiré de son apathie naturelle ; 2,000 Écossais venaient de débarquer en Bretagne, ils arrivèrent assez promptement, et se joignirent à 3,000 soldats tourangeaux, languedociens et bérichons ; les paysans électrisés comme les autres amenèrent un nombre considérable de chariots chargés de farine et de grains ; ces braves gens faisaient volontairement le sacrifice de leur propre subsistance, dans un moment bien critique : depuis plusieurs années les récoltes (1) produisaient peu de chose ; la guerre de partisans que l'on faisait sur toute la surface de la France, non-seulement paralysait l'agriculture, mais épuisait encore les denrées, par le gaspillage, comme il arrive toujours en pareil cas.

Pendant que le roi rassemblait à Chinon un nouveau détachement, Dunois sortit plusieurs fois pour en presser la marche, car la disette se faisait déjà sentir dans la place ; il était à craindre que la faim ne surmontât cet enthou-

(1) Journal de Paris, p. 117, 118, 120, 121. En 1429 le setier de blé coûtait près de quatre fois plus que dans les premières années de ce siècle.

siasme extraordinaire qu'on avait su inspirer aux habitans. Enfin Jeanne prit congé du roi, qui lui composa une suite de 12 personnes; un chapelain nommé Pasquerel, Jean d'Aulon, vieux écuyer, huit varlets, et deux hérauts de l'hôtel, nommés Guienne et Ambleville. L'un des varlets portait son étendard fait de tafetas blanc, sans autre emblème que le signe du Rédempteur. Elle partit le 20 avril avec le convoi qui marchait sous les ordres du sire de Raitz, banneret breton, et d'Antoine de Lore, deux généraux vieillis dans le métier des armes et aussi prudens que braves. L'exaltation de Jeanne d'Arc augmentait à mesure que le danger approchait; son aspect inspirait aux soldats une confiance singulière. On arriva le 23 auprès d'Amboise où se trouvèrent d'autres chariots; le convoi parvint jusqu'à Blois en se grossissant toujours; il s'arrêta une semaine dans cette ville. Le Bâtard instruisait les habitans de l'approche de ce renfort, dont il montrait l'arrivée comme l'avant-coureur de leur délivrance. Cependant, à Orléans comme à Blois, on se partageait d'opinion sur les mesures qu'il fallait prendre pour l'introduire dans la place sans l'exposer à être enlevé. Jeanne d'Arc, raisonnant d'après l'ardeur qui l'enflammait, voulait que l'on entrât dans la ville par la route de Vendôme;

on lui objectait que le gros de l'armée anglaise se trouvait précisément de ce côté, elle répondait qu'avec l'aide de Dieu les Français passeraient sur le ventre de l'ennemi. Dunois se doutait bien qu'on agiterait cette importante question ; il envoya à Blois vers le maréchal de Raitz pour le supplier de diriger le convoi par la Sologne. Voici sur quels motifs il basait son opinion : «En traversant le Vendômois le convoi court risque d'être inquiété par les Anglais, dont toutes les forces sont sur la rive droite de la Loire, et quand même il parviendrait sans accident aux portes de la ville, nul doute qu'il ne tombât au pouvoir de Suffolk, qui aurait la faculté de réunir toutes ses divisions dans une demi-journée ; au contraire, en longeant la rive gauche, le parc ne courait aucun risque, car les Anglais n'ont pas un seul homme dans la Sologne ; Glacidas, qui occupe le faubourg des Augustins, est hors d'état de s'opposer à la marche des Français. Arrivé à quelques lieues d'Orléans, le convoi se rapprochera de la grève, y sera embarqué, et entrera dans la ville par le quai intérieur.» Le sire de Raitz et Ambroise de Lore, reconnaissant la justesse de ces observations, se conformèrent scrupuleusement aux ordres du Bâtard ; ils jetèrent quelque cavalerie sur le chemin de la Beauce pour confirmer les Anglais dans l'idée que les Français tiendraient cette route. Afin d'empêcher Suffolk de s'occuper de ce qui se passait à Blois, Dunois commanda plusieurs sorties. Le jour de la mi-carême, il ordonna au sire Malet de Graville de déboucher par la porte Saint-Loup avec une division de 1,500 hommes, lui commandant de pousser les assiégeans en faisant les démonstrations d'une attaque sérieuse. Le sire de Graville surpassa les espérances de Dunois; il tint l'ennemi en haleine pendant plusieurs jours, engagea de vives escarmouches dans lesquelles il eut tout l'avantage; il rentra dans la ville avec une centaine de prisonniers et un riche butin, car ses gens pénétrèrent dans le logis de Talbot, et lui enlevèrent ses effets les plus précieux, notamment le manteau fourré d'hermine de l'ordre de la Jarretière, deux tasses d'argent et des armes très-riches.

Les Anglais perdirent dans cette circonstance le neveu du comte de Salisbury, Jean de Gray, officier estimé, qui fut tué d'un coup de coulevrine, par le fameux canonnier maître Jean. Les Français eurent à regretter un capitaine gascon fort renommé, qu'on appelait Renaud de Vernade allié aux Barbazan et aux Castelbajac.

Suffolk voulut avoir sa revanche; il fit une

tentative sur la porte Bannier. Les assiégés et surtout les bourgeois soutinrent le choc avec courage et sang-froid, ces derniers perdirent beaucoup de monde ; les Anglais se retirèrent triomphans; mais ce succès fut balancé le jour suivant par un revers. Ils formèrent un gros détachement pour aller dans la campagne faire du bois, car le froid était fort rigoureux quoiqu'on fût au mois de mars ; ils ramassaient surtout les échalats des vignes. Ce détachement passa très-près des remparts, ce qui donna l'alerte aux assiégés ; on courut sur les murailles et on tira le canon, un boulet alla atteindre le chef de ce détachement ; c'était sir John Erpingham (1), fils de Thomas Erpingham, qui commandait les archers au combat d'Azincourt. Les Anglais firent des obsèques magnifiques à ce jeune seigneur (2).

Ceci se passait dans le moment où le convoi quittait Blois. Au moment du départ, Jeanne exigea que les hommes d'armes fissent leurs dévotions, car on était dans la quinzaine de Pâques, et qu'ils renvoyassent les femmes de mauvaise vie dont le camp était infesté. Les soldats, dominés par l'ascendant de cette fille extraordi-

---

(1) Biographia Britannica.—Kippis, t. vi.
(2) Guyon, p. 84.

naire, dont les vertus égalaient la résolution, se conformèrent sans murmurer à ses désirs. Le chef le plus renommé de cette époque n'en aurait jamais autant obtenu de ces indociles guerriers. En tête de la colonne marchait une procession de prêtres avec la croix et la bannière ; Jeanne, couverte d'une riche armure, les suivait en chantant des cantiques. Ce trajet de quinze lieues se fit dans deux jours : on bivouaqua une nuit ; enfin on arriva sans obstacle, le 28 avril, à la hauteur de Checy. Glacidas, instruit de l'approche de forces considérables, n'osa point sortir de sa bastille pour arrêter leur marche ; il rappela même le poste détaché à Saint-Jean-le-Blanc, craignant de le voir enlever. Cette retraite inopinée servit merveilleusement les Français, qui se rapprochèrent brusquement de la rive gauche ; ils y trouvèrent une nombreuse division de barques, conduite par Dunois en personne. On y plaça les hommes et les vivres ; mais, au moment où ces embarcations cinglaient vers l'autre bord, elles furent repoussées par un vent très-violent qui s'éleva tout à coup ; les plus sages en frémirent, car Talbot pouvait faire filer une grande partie de ses forces sur ce côté, et fondre sur le convoi. L'effroi s'empara de tout le monde ; la seule Jeanne d'Arc montrait de la résolution. « Attendez un petit peu, disait-elle, car, au nom de Dieu, tout entrera dans la ville. »

Ces vents ne sont point de longue durée sur les rivières. Ils s'apaisèrent au bout de quelques heures, et les embarcations purent reprendre leur marche. Elles abordèrent sur la rive droite; le convoi et les 7,000 hommes d'escorte se logèrent dans Checy, où le Bâtard vint les trouver avec 500 combattans. On convint que l'entrée de la Pucelle et de ce nouveau renfort aurait lieu le lendemain soir. En effet, le 29 avril, la colonne se mit en marche en appuyant sa gauche à la rive droite; le Bâtard avait eu soin de préparer une sortie, afin d'occuper les Anglais. Cette sortie fut d'autant plus vive, que les Orléanais, sachant qu'on venait à leur secours, sentaient ranimer leur courage. Ils attaquèrent impétueusement les assiégeans sur plusieurs points, notamment à la bastille Saint-Loup et à celle de Paris; ils leur prirent du monde et un étendard, et les tinrent ainsi en haleine toute la journée; de sorte que Suffolk et ses collègues, incertains sur les projets des Français, ne purent aller au-devant de la Pucelle, dont ils connaissaient fort bien l'existence, car elle avait fait écrire en son nom à Bedfort une lettre dans laquelle Jeanne d'Arc ordonnait de par Dieu au régent de lever le siège d'Orléans, le menaçant du courroux du ciel s'il n'obéissait pas. Le duc envoya cette lettre aux généraux qui formaient le blocus. Cette missive inspira de la pitié à Suffolk et à ses collègues, et devint bientôt pour tous leurs soldats un objet de risée. Cependant ils ne purent empêcher que cette fille généreuse n'entrât dans Orléans; elle y fut reçue le 29 avril vers huit heures du soir, à la lueur des flambeaux; elle arriva par la porte de Bourgogne, où toute la population était accourue. Jeanne d'Arc fut complimentée par Jean-le-Prêtre, prévôt de la ville, qui avait succédé à Alain Dubey, mort un mois auparavant. L'héroïne montait un cheval blanc richement caparaçonné; elle le maniait avec beaucoup d'aisance. Un de ses pages la précédait, portant son étendard blanc au nom de Jésus; mais la foule se pressait tellement sous les pas de la Pucelle, qu'un de ces bourgeois mit le feu avec sa torche à ce précieux étendard. Jeanne, s'en apercevant, se jeta dessus lestement, prit dans ses mains la soie du drapeau, et éteignit le feu avec beaucoup d'adresse (1). Elle attachait un prix infini à cette bannière.

Les airs retentissaient des plus vives accla-

_______________

(1) Guyon, p. 149.

mations; ce fut au travers de flots de peuple,
et après une heure de marche, qu'elle parvint au logement qu'on lui avait préparé, auprès de la porte Renard, dans l'hôtel de Jacques
Boucher, trésorier du duc d'Orléans. Dans tout
ce trajet, Dunois marchait modestement à pied
auprès de la Pucelle. La déférence qu'il montrait
pour l'héroïne attestait d'autant plus sa modération, qu'il avait essuyé de sa part de vives remon-
trances; car Jeanne, sachant que Dunois avait
fait décider que le convoi suivrait la route de
la Sologne, et non celle de la Beauce, comme
elle le désirait, lui reprocha amèrement de manquer de confiance en la volonté du ciel. Mais
Dunois avait agi en général expérimenté, et le
résultat prouva la sagesse de ses mesures. Le
lendemain, toute la population se porta devant
la demeure de Jeanne; il fallut que l'héroïne se
montrât pour apaiser le tumulte causé par ce
rassemblement. Ensuite elle monta à cheval, se
promena dans les rues, sur les places publiques, ne cessant de parler en inspirée à la
foule qui se pressait autour d'elle. Jeanne fit écrire
aux Anglais plusieurs billets d'avertissement,
que des archers attachaient à leurs flèches, et
envoyaient ainsi dans les lignes des assiégeans.
Dans ces missives, elle disait aux Anglais que la

colère du ciel les poursuivait, et qu'elle était chargée de les punir de tout le mal qu'ils avaient fait à la France.

Pendant que Jeanne s'abandonnait à ses mouvemens d'inspiration, et qu'elle enflammait les Orléanais d'enthousiasme, Dunois tenait conseil de guerre pour s'entendre avec les principaux chefs et les notables sur les opérations ultérieures, dont la levée du siège devait être le résultat. Il fut donc résolu d'étonner l'ennemi par une vigoureuse sortie ; mais Dunois ne se croyait pas encore assez fort, car les Anglais venaient aussi de recevoir de nouvelles divisions. La cour de Londres mettait de l'opiniâtreté dans son entreprise ; elle sentait que le sort des deux partis tenait à l'issue de cette grande affaire.

Le Bâtard envoya des émissaires aux maréchaux Saint-Sever et de Raitz, qui occupaient le Blaisois ; il les supplia de redoubler d'efforts pour lui amener quelques troupes. Ces deux généraux déployèrent un zèle au-dessus de tout éloge. Charles VII, bannissant son irrésolution accoutumée, tournait ses regards vers Orléans, dont la délivrance l'occupait tout entier ; il seconda le maréchal de Saint-Sever, et lui envoya jusqu'à ses valets. Les deux maréchaux réunirent près de 4,000 hommes ; et, pour mieux déjouer les calculs des Anglais, ils passèrent par la Beauce, au lieu de suivre la route qu'avait tenue le premier convoi. Ils partirent le 3 mai 1429, et marchèrent sans s'arrêter ; Dunois, instruit du jour de leur départ, sortit pour protéger leur arrivée. Enfin le détachement rentra avec le maréchal de Raitz et ses gens par la porte Saint-Jean sans avoir rencontré aucun obstacle, car les soldats anglais, dégoûtés de ce siège, ne montraient plus la même énergie ; ils ne firent pas un seul mouvement pour s'opposer au passage des Français.

Au moyen de ce second renfort, la garnison se trouva forte de 8,000 combattans, ce qui mit Dunois en position de pouvoir étonner Suffolk et ses collègues par une attaque hardie. Le convoi était rentré à sept heures du matin ; à midi le Bâtard rassembla 2,000 hommes, déboucha par la porte de Bourgogne, longea la Loire, et alla fondre sur les Anglais qui occupaient Saint-Loup. Jean Guerard les commandait : il s'était retranché dans la chapelle et sur une terrasse qui dominait le fleuve. L'attaque fut conduite avec un ordre qui attestait la haute capacité militaire de Dunois. Les fortifications extérieures furent enlevées, et ceux qui les défendaient passés au fil de l'épée : Guerard sonna la grosse cloche du couvent, afin d'instruire Talbot de sa position. Ce dernier, averti de la marche du Bâtard, s'avançait déjà à la tête d'une forte division pour venir au secours de son collègue ; mais le maréchal de Saint-Sever, placé à la porte de Saint - Vincent avec des forces considérables, s'élança par cette issue, coupa le passage, et s'opposa à la jonction de Talbot et de Guerard. Pendant ce temps-là les Orléanais en état de porter les armes firent une démonstration pour attaquer la bastille de Paris, ce qui empêcha Scalles et Suffolk de soutenir Talbot, qui eut la douleur de voir prendre Saint-Loup à sa vue : ce combat lui coûta 600 hommes ; 400 furent tués, et le reste pris. Le Bâtard, dit la chronique, fit 20 prisonniers de sa main.

Il est à remarquer que Dunois ne communiqua point à la Pucelle son projet de sortie : on conçoit qu'une jeune femme qui, n'ayant aucune idée de la guerre, voulait conduire les opérations d'après ses inspirations, devait parfois embarrasser un général (1). Jeanne, fatiguée de l'expédition

(1) Plusieurs bannerets ne se montrèrent point dociles aux ordres que Jeanne voulait leur donner. Ils s'indignaient du ton impératif dont elle usait à leur égard. Le sire de Gamaches, vieilli dans les combats, choqué de se voir commander par Jeanne, se démit du commandement de sa

du matin, dormait au moment où l'attaque de Saint-Loup commença, et on ne l'envoya point chercher ; le bruit causé par le mouvement des troupes qui couraient dans la ville l'éveilla ; elle apprit qu'on se battait ; indignée, elle s'arma, descendit, et prit le cheval d'un page qu'elle trouva devant son logis ; elle courut à la porte de Bourgogne et se mêla parmi les combattans, en se dirigeant vers les endroits les plus périlleux.

Jeanne signala sa présence à la bastille Saint-Loup par un acte de clémence ; quelques Anglais réfugiés dans la sacristie de la chapelle s'y revêtirent des habits de prêtres qu'ils trouvèrent, et voulurent s'évader à l'aide de ce déguisement, mais les Français, les reconnaissant pour des soldats, voulaient les massacrer, afin de les punir d'avoir profané ainsi les choses saintes ; Jeanne les protégea, et leur sauva la vie en disant : « C'est précisément par égard pour les choses saintes qu'il faut les épargner. » Avant de regagner la ville, Dunois fit raser les fortifications de la bastille, afin que les Anglais ne pussent s'y loger

compagnie, et prit rang parmi les simples soldats : « J'aime mieux, dit-il, être homme d'armes, que de recevoir des ordres d'une fille qui vient de je ne sais où. » (Histoire de Charles VII.)

une seconde fois : cette conquête fut célébrée avec énthousiasme par les habitans. Le son des cloches apprit ce revers à tout le camp des Anglais. En rentrant, la Pucelle alla se placer au bout du pont, en face des tournelles; là, elle appela d'une voix forte Glacidas, commandant du poste. Le capitaine parut aux créneaux; la jeune fille lui annonça que le châtiment des Anglais avait commencé, et qu'elle le sommait, au nom du Seigneur, de se retirer avec les siens. Glacidas ne lui répondit que par des invectives, l'appelant *vachère*, *ribaude*, ce qui mortifia beaucoup Jeanne d'Arc. Elle répliqua vivement; mais finit par pleurer comme une femme à qui l'on dit des injures. Ses inspirations divines ne lui avaient pas ôté toutes les faiblesses de son sexe.

Le lendemain de la prise de la bastille Saint-Loup, Jeanne voulut que l'on attaquât sur-le-champ la bastille Saint-Laurent, quartier-général de Suffolk. Cet officier y avait porté toutes ses forces afin d'empêcher l'introduction d'autres convois que l'on annonçait devoir arriver par la Beauce; ce poste, très-rapproché de la Loire, le liait avec Glacidas par le moyen du fort établi sur l'île comme point intermédiaire. Toutes les forces disponibles de la gar-

nison n'eussent pas suffi pour assurer le succès
de l'attaque Saint-Laurent. Dunois ne goûta
point l'opinion de Jeanne, et proposa au contraire de diriger les efforts contre la tour-
nelle et les boulevards des Augustins, défen-
dus par Glacidas; ce poste enlevé, on rouvrait
les communications de la ville avec la Sologne.
D'ailleurs, la prise de Saint-Loup favorisait
singulièrement ce projet. Le conseil de guerre
adopta cet avis à l'unanimité, « au grand déplaisir
de la Pucelle, qui s'en tint mal contente des
chefs, des capitaines et des guerriers. » Le soir
même elle se rendit une seconde fois au bout du
pont, suivie d'une foule immense de peuple;
elle y resta deux heures en admonestant dere-
chef les Anglais. Glacidas l'accueillit par des
huées, en lui criant qu'il la ferait brûler s'il la
prenait. Pendant ce spectacle singulier qui
exaltait les habitans, Dunois, agissant en général, prenait les dispositions nécessaires pour
assurer le succès de l'attaque projetée.

Le 6 mai au matin, les Français, au nombre
de 3,000, montèrent sur des barques, et des-
cendirent la rive gauche de la Loire à la vue de
Glacidas, qui rappela sur-le-champ le détachement de Saint-Jean-le-Blanc. Jeanne débarqua
la première, et s'avança rapidement avec quel-

ques centaines d'hommes vers les fortifications des Anglais; elle marchait en tête, fort résolue, et portant son étendard. Glacidas, voyant si peu de monde accompagner la guerrière, fit sortir plusieurs pelotons, qui fondirent sur le détachement français et le mirent en déroute. Jeanne serait tombée ce jour-là au pouvoir de l'ennemi, si Dunois n'eût envoyé à la hâte du renfort. Enfin, le débarquement étant opéré en entier, on repoussa les Anglais, et Jeanne fut celle qui les serra de plus près; elle planta son étendard au bord du fossé extérieur des Augustins. Dunois la suivait en bon ordre à la tête de 2,000 hommes; il donna le signal de l'attaque. On combla les fossés, et les Français, animés d'une ardeur surnaturelle, escaladèrent les fortifications, brisèrent les palissades, et se rendirent maîtres de la bastille des Augustins. 400 Anglais, qui défendaient ce poste, y périrent en grande partie. Jeanne, qui s'était toujours montrée la première aux endroits les plus périlleux, fut blessée dangereusement au pied par une chausse-trape; Glacidas en avait semé dans les palissades en abandonnant les Augustins. On emporta Jeanne; Dunois resta avec ses soldats dans le poste qu'il venait d'enlever; il y passa la nuit sous les armes, séparé de l'ennemi par un fossé de

quatre pieds et une ligne de palissades : il
était décidé à recommencer l'action le jour suivant, pour forcer Glacidas jusque dans les tournelles. Le maréchal de Raitz, Lahire, l'amiral de
Culant, Xaintrailles, Graville, Florens d'Illiers,
se signalèrent dans la prise de ces retranchemens.
Le lendemain 7 mai, au point du jour, Dunois
recommença l'assaut, dans le but d'enlever le
boulevart qui formait le point intermédiaire
entre les Augustins et les tournelles. Glacidas et
ses Anglais s'y défendirent avec leur bravoure
accoutumée ; plusieurs fois ils précipitèrent
dans les fossés les Français qui étaient parvenus
à se loger sur la plate-forme; mais ceux-ci,
plus nombreux, se renouvelaient, tandis que
les Anglais ne pouvaient remplacer le monde
qu'ils perdaient. Un dernier effort enleva le
poste; Glacidas, cédant le terrain pied à pied, se
retirait devant la foule d'assaillans, dans l'espoir
de gagner les tournelles, séparées du boulevart par
un pont-levis qui couvrait un large fossé rempli
des eaux de la Loire. Si on relevait ce pont, les
tournelles se trouvaient isolées; car, de l'autre
côté, la coupure des arches les séparait du pont.
Mais, en franchissant cet étroit passage, Glacidas trouva le terme de sa vie; le plancher du
pont-levis, se détachant des chaînes, tomba

dans la Loire en y entraînant les Anglais, qui se noyèrent tous. Malgré la mort de leur général, ceux qui se trouvaient dans les tournelles se défendaient avec intrépidité, quoiqu'ils fussent également attaqués du côté d'Orléans.

La nuit s'approchait; Dunois, voyant ses soldats accablés de fatigue, désespérait de se rendre maître des derniers retranchemens; il voulait se retirer; mais l'infatigable Jeanne, qui était revenue au combat quoique blessée, le pressa de rester, en disant que son inspiration lui apprenait que les tournelles seraient prises le soir même. Ces paroles prophétiques ébranlèrent le Bâtard et ranimèrent l'ardeur des combattans; les fossés étaient à moitié comblés de fascines et de cadavres. Ce nouveau pont servit à une troisième attaque; Jeanne fait poser des échelles dans le fossé même, monte avec intrépidité, atteint le rempart demi-écroulé, et plante son étendard sur le parapet du pont. L'apparition de l'héroïne au poste le plus périlleux transporta les assaillans; tous les travaux furent enlevés à la vue de Talbot et de Suffolk, rangés en bataille devant le ravelin Saint-Laurent. Quelques historiens ne comprennent pas l'inaction de ces généraux; mais s'ils avaient considéré la nature des lieux, ils auraient vu que Talbot avait à traverser la Loire pour arriver aux tournelles, et qu'il était dans l'impossibilité d'effectuer ce passage sans s'exposer à perdre toute son armée pour sauver une tête de pont. Dans la crainte d'interrompre le récit, nous n'avons point dit que Jeanne avait été frappée au commencement de l'action, entre la gorge et l'épaule, d'une flèche qui entra de trois pouces. La Pucelle arracha elle-même le fer, se fit panser, se mit quelque temps en oraison, revint à l'assaut, et monta la première aux échelles, malgré la blessure reçue la veille au pied droit. Ceci paraît peu probable ; mais nous répétons seulement ce que disent les historiens de Jeanne. Un fait qui souffre moins de contradiction, c'est la part que les Orléanais eurent à la prise des tournelles. Conduits par le sire de Giresme, chevalier de Rhodes, ils se portèrent sur le pont en traînant à force de bras des machines de guerre et des canons, qu'ils tirèrent avec ardeur pour faire diversion à l'attaque de terre ; ces décharges continuelles balayèrent de ce côté les fortifications en obligeant les Anglais de se retirer derrière les épaulemens. Leur retraite favorisa les tentatives que l'on fit de rétablir la partie du pont qui avait été coupée. A cet effet on jeta en travers une énorme porte de ville ferrée que le hasard fit rencontrer; par malheur il s'en manquait de trois pieds qu'elle atteignît l'autre bord; un ouvrier aussi courageux qu'habile y attacha avec une célérité incroyable une allonge, se suspendit lui-même après la pièce de bois, et la fixa avec des chevilles à l'autre bout du pont. Le sire de Giresme et plusieurs hommes d'armes atteignirent les tournelles en passant sur ce frêle support. Les Orléanais traversèrent également un à un, et eurent la gloire d'entrer avant Dunois dans les travaux de l'ennemi. Ainsi finit cette glorieuse journée, qui coûta aux Anglais 700 hommes, 500 morts et 200 prisonniers, les meilleurs archers de Talbot. Dunois laissa dans la tête de pont un fort détachement, employa un nombre considérable d'ouvriers à raser les fortifications des Augustins, et rentra le soir dans Orléans par la Loire, ramenant son artillerie, ses prisonniers et ses blessés.

Pendant le mois qui venait de s'écouler, Suffolk avait perdu par les assauts, sorties et escarmouches, plus de 5,000 hommes tués ou mis hors de combat; les sept premiers jours de mai coûtèrent près de 4,000; la durée totale du siège lui avait consumé environ 12,000 combattans qu'il était impossible de remplacer, car Bedfort avait épuisé toutes ses

ressources pour lui envoyer des détachemens;
il ne restait donc que 8 à 10,000 hommes
fort découragés. Ces résultats étaient de nature à faire comprendre aux généraux anglais
le danger de leur position. Aussi jugèrent-
ils comme urgent de battre en retraite dans
la nuit, s'ils voulaient échapper à une ruine
totale. Ils rappelèrent les détachemens et les
postes éloignés, concentrèrent leurs forces sur
la route de Paris, et, au lever du soleil, ils
parurent entre la porte Saint-Laurent et la porte
Paris, en bataille, bannières déployées, les divisions serrées, comme pour offrir le combat :
vraisemblablement cette manœuvre n'avait pour
but que de masquer la retraite des bagages,
qui, depuis plusieurs heures, filaient sur Châteaudun et sur Beaugenci. Cette offre du combat de la part de Talbot avait mis les habitans et
la garnison dans la plus vive agitation. Dunois
et les autres généraux voulaient sortir à la tête
des soldats et des Orléanais réunis, pour en
venir aux mains; peut-être, dans la disposition
d'esprit où ils se trouvaient, les Anglais, après
un siège de sept mois et des pertes immenses,
auraient-ils montré moins de résolution qu'à
Verneuil et à Rouvrai. Mais Jeanne, disent les
historiens, empêcha Dunois de sortir pour enga-

ger l'action, parce que ce jour-là était un dimanche. Il est plus probable que le sage Dunois ne voulut pas risquer dans une seule journée les fruits d'une défense si longue, si héroïque. Il fit mettre toute la garnison sous les armes, aux portes, sur les remparts, prête à repousser un assaut général si on voulait le tenter. Mais tel n'était pas le dessein des généraux anglais. Après quelques heures d'attente, ils déterminèrent leur mouvement de retraite (le 8 mai 1429), mouvement qui fut si précipité qu'ils n'eurent pas le temps, faute de moyens de transports, d'enlever leur artillerie, beaucoup de vivres, bagages, et même des prisonniers français. Un de ces prisonniers, nommé Bourg-du-Bar, chevalier à bannière, était tombé au pouvoir des Anglais au commencement du siège; et comme Talbot en attendait une forte rançon, il l'avait renfermé dans une des casemates de la bastille de Paris, en lui mettant aux pieds des anneaux de fer très-pesans afin de l'empêcher de s'échapper. Il l'avait placé sous la garde spéciale de son chapelain, moine de l'ordre de Saint-Augustin, qui, chaque jour, apportait à manger au prisonnier et lui faisait faire ses dévotions. Le matin du départ, Talbot chargea son confesseur de conduire le chevalier français à la suite de l'armée. Bourg-du-Bar sortit de la casemate, et se mit à marcher, mais très-difficilement, malgré les exhortations de son conducteur. Voyant la colonne anglaise s'éloigner assez précipitamment, il s'arrêta tout à coup, et, saisissant fortement le moine à la gorge; il lui dit: « Je n'irai pas plus loin, et, comme je ne puis marcher, je veux que vous me portiez vous-même, non à Beaugenci, mais à Orléans. » Le confesseur tremblant chargea le prisonnier sur ses épaules, et entra ainsi dans la ville, au milieu des risées universelles (1).

Après le départ de Suffolk, les Orléanais et les soldats de la garnison sortirent et inondèrent le camp des Anglais, où ils trouvèrent beaucoup de vivres et un matériel considérable; ils mirent le feu à toutes les barraques, et rentrèrent chargés de butin. Si on en juge d'après les relations qui nous restent de cet épisode de notre histoire, le Bâtard eut sans contredit la plus grande part de la gloire acquise par les Français dans cette circonstance; personne n'aurait déployé plus de sagesse et plus d'activité que ce guerrier; aussi profond politique que général habile, il sut enflammer les Orléanais

______

(1) St.-Syph. Guyon, p. 183

du plus pur patriotisme; il ne négligea aucun moyen, et s'occupa des moindres détails. Tour à tour gouverneur et soldat, il passait du conseil au rempart; on le voyait souvent partir avec une centaine de cavaliers pour protéger l'entrée de quelques chariots. En relevant, dans l'historien Guyon, toutes les sorties, on trouve plus de cent escarmouches auxquelles le Bâtard prit part. Sa conduite avec Jeanne fut admirable; tout autre, peut-être, aurait pu se montrer jaloux d'une femme qui venait lui enlever l'honneur d'une défense longue et sans exemple : jugeant que la coopération de Jeanne pouvait être utile à l'État, il la dirigea habilement, se montra docile à sa voix, et ne méprisa jamais son appui.

Les habitans d'Orléans le secondèrent merveilleusement; leur conduite fut digne des plus pompeux éloges; ils se conduisirent en bons Français et en vaillans soldats. L'on a dit que Jeanne d'Arc les sauva; il serait plus juste de dire qu'ils se sauvèrent eux-mêmes. Non-seulement ils agirent pour leur défense personnelle, mais encore dans l'intérêt de la nation entière; car si la ville d'Orléans eût été peuplée d'hommes pusillanimes, elle serait tombée au pouvoir de l'ennemi malgré le dévouement de la

Pucelle (1); ce revers eût sans aucun doute
consommé la ruine de la monarchie. Au reste,
voici une pièce authentique qui montre comment la délivrance d'Orléans fut considérée en
Angleterre.

(1) Après l'affreux trépas de Jeanne d'Arc, les femmes
d'Orléans décidèrent d'élever un monument à la mémoire
de cette héroïne, l'honneur de leur sexe : elles payèrent les
frais en y consacrant chacune un don volontaire. Ainsi l'une
offrit un joyau, l'autre une boucle de ceinture, celle-ci le
prix d'une parure, celle-là un collier; enfin ce monument, à l'érection duquel l'État ne contribua en rien, fut
bâti sur le pont, vers la quinzième arche du côté des tournelles. Il se composait d'une haute croix au pied de laquelle était la Vierge tenant sur son giron le Christ
mort : l'on voyait d'un côté Charles VII à genoux, et de
l'autre Jeanne d'Arc également à genoux : ce monument fut
détruit en 1562 par les protestans, qui jetèrent les statues
dans la Loire.

Pontus Heuterus, historien flamand, vivant au milieu
du seizième siècle, avait vu ce monument avant qu'il fût détruit; il dit : *Sunt qui fabulam quæ de Puellâ Joannâ
scribimus putant, sed præterquàm quod recentioris sit
memoriæ, omniumque scriptorum libri qui tunc vixe-
runt mentionem de eâ præclaram faciant, vidi ego meis
oculis in ponte Aureliano trans Ligerim ædificato,
erectam hujus Puellæ æneam imaginem comâ decore
per dorsum fluente, utroque genu coràm æneo crucifixi
Christi simulacro nixam, cum inscriptione, positam*

Le duc de Bedfort écrivit le 20 mai 1429 au jeune Henri VI son neveu une lettre au sujet des affaires de France : elle est consignée par Rymer

*fuisse hoc tempore*, operâ sumptuque virginum ac matronarum Aurelianensium, *in memoriam liberatæ ab eâ urbis Anglorum obsidione.*

Ce monument fut rétabli en 1570 avec quelque variante dans la pose des figures; en 1745 les réparations que nécessitait le vieux pont obligèrent les magistrats d'enlever ce groupe. On le renferma dans une des salles de l'hôtel-de-ville, où il resta vingt-cinq ans. Enfin, les échevins replacèrent encore ce monument en 1775 dans le carrefour formé par la jonction de la rue Royale et de la rue de la Vieille Poterie ; on fit encore quelque changement à la disposition des figures. Il disparut entièrement le 29 août 1792 ; on le mutila tellement qu'il n'en resta plus vestige. En 1803, sous le ministère de M. Chaptal, la ville fut autorisée à élever à Jeanne d'Arc la statue que l'on voit aujourd'hui sur la place du Martroy (*).

En 1817, M. le comte de Riccé étant préfet, et M. le comte de Rocheplatte étant maire d'Orléans, on a élevé une croix en pierre sur l'emplacement des anciens Augustins transformé par les Anglais en une bastille qu'ils appelèrent Londres. Ce fut dans ce lieu que Jeanne d'Arc se distingua particulièrement. Ce petit monument a été élevé en son honneur.

(1) Voyez, dans *l'Indicateur orléanais* de M. Vergnaud, une description très-détaillée de ces différens monumens.

dans les Actes publics d'Angleterre, t. x, p. 408.

En voici le principal passage :

« Toutes choses prospéraient ici pour vous jusqu'au temps du siège d'Orléans entrepris Dieu sait par quels conseils ! Après la mort de mon cousin de Salisbury que Dieu absolve, qui est tombé, ce semble, par la main de Dieu, vos troupes, qui étaient en grand nombre à ce siège, ont reçu un terrible échec. Cela est arrivé en partie, comme nous nous le persuadons, par la confiance que les ennemis ont eue en une femme née du limon de l'enfer et disciple de Satan, qu'ils appellent la Pucelle, laquelle s'est servie de sortilèges. Cette défaite a non-seulement diminué le nombre de vos troupes, mais en même temps a fait perdre courage à celles qui restent, d'une manière étonnante. »

# LIVRE III.

Dunois contribue au gain de la bataille de Patay. — Il as-
siste au sacre du roi. — Campagne de 1450. — Dunois
fait la conquête de la haute Normandie.—Siège et prise
de Rouen. — Entrée de Charles VII dans cette ville,
dont le Bâtard est nommé gouverneur.

DUNOIS, accompagné de la Pucelle et des principaux chefs, quitta Orléans le surlendemain,
et alla trouver le roi à Loches. Charles VII, sachant que les affaires du siège prenaient une tour-
nure favorable, s'était rapproché, afin de donner plus d'ardeur aux troupes par son voisinage;
La Trémouille le lui avait permis. Le monarque
combla de caresses Jeanne d'Arc et Dunois, pour
qui surtout il avait conçu une prédilection singulière, prédilection dont le Bâtard n'avait cessé
de se rendre digne depuis qu'il était attaché à sa
fortune. Dunois et les autres généraux ne restèrent qu'un seul jour à Loches. Comme le siège
d'Orléans avait mis en mouvement toute la
France, il arrivait journellement des provinces

méridionales des détachemens envoyés par les villes au secours du roi. La nouvelle du succès remporté par les Français devant Orléans augmenta encore le zèle patriotique : l'armée s'accrut tellement, qu'elle se trouva en état de prendre sur-le-champ l'offensive. Le duc d'Alençon, fait prisonnier à la bataille de Verneuil, avait obtenu la permission de racheter sa liberté en payant sa rançon. A peine fut-il libre, qu'il se rendit dans ses domaines, réchauffa le zèle de ses vassaux pour la défense commune, et amena au roi 1200 hommes : il arriva à Loches peu de jours avant Dunois et Jeanne d'Arc. Le conseil de Charles VII jugea convenable de donner le commandement général au duc d'Alençon, afin de le rendre plus ardent à servir les intérêts du royaume ; d'ailleurs sa qualité de prince du sang devait en imposer aux généraux et aux capitaines, accoutumés depuis long-temps à vivre dans l'indépendance. Le duc d'Alençon nomma Dunois son premier lieutenant, et partit aussitôt avec l'intention de reprendre les hostilités. En quittant le siège d'Orléans, l'armée anglaise s'était disloquée pour se jeter dans les places fortes de la rive droite de la Loire. Suffolk se renferma dans Jergeau avec son frère, le sire de La Poll ; Guérard se jeta dans Beaugenci, et Talbot dans Mehun. Ce dernier envoya un message à Bedfort pour l'instruire de sa position, et le prévenir qu'il ne pourrait pas se maintenir sur la Loire s'il ne recevait dans le plus court délai des renforts considérables. Le régent se trouva fort embarrassé, parce qu'il ne pouvait dégarnir la capitale, que la nouvelle de la délivrance d'Orléans avait mise dans la plus grande agitation; il tira des détachemens de la Picardie et de la Normandie, et en forma une division de 3,500 hommes de vieilles troupes. Il les mit sous le commandement de Falstoff, le héros de la journée de Rouvrai; Bedfort avait tout lieu d'espérer qu'avec ce renfort un général aussi habile que Talbot pourrait facilement contenir les Français. Mais ceux-ci ne donnèrent pas le temps à l'ennemi de se reconnaître; ils attaquèrent Jergeau, qui fut enlevé d'assaut : Suffolk y fut pris; son frère, le sire de La Poll, se noya, et 600 Anglais périrent avec lui. Chacun contribua pour sa part à ce brillant succès; Jeanne d'Arc y donna de nouvelles preuves de courage. On investit immédiatement après Beaugenci; la basse ville fut prise sans difficulté; Guérard se retira avec le bailli d'Évreux dans le château. C'est alors que le comte de Richemont, partageant les transports qui se communiquaient à

tous les Français, vint joindre l'armée avec
3,000 soldats, malgré les ordres du roi, ou plutôt malgré les ordres de La Trémouille. Dès qu'on
apprit sa venue, quelques officiers s'écrièrent
que, loin de le recevoir, il fallait marcher contre
lui, et le traiter en rebelle. Jeanne d'Arc adopta
cet avis, monta à cheval, et voulut entraîner
avec elle toute l'armée; mais La Hire, Xaintrailles
et la majeure partie des capitaines retinrent la
Pucelle, en disant que nul d'entre eux ne traite-
rait en ennemi le prince breton. Dunois, rendant hommage au mérite du connétable, prit
sa défense avec beaucoup de chaleur; malheureusement pour sa gloire, il changea plus tard
de manière d'agir vis-à-vis le comte de Richemont.

Ce différend, qui pouvait devenir très-grave,
étant aplani, on poussa le siège de la citadelle
de Beaugenci. Le duc d'Alençon céda le commandement général au connétable son oncle.
Guérard, craignant d'éprouver le sort de Suffolk, se rendit avec 900 hommes. En apprenant
ce nouvel échec Talbot quitta Mehun avec le
sire de Scalles et les 3,500 hommes qui lui restaient encore; il se dirigea vers la Beauce pour
opérer sa jonction avec Fastoff, dont l'arrivée
lui était annoncée, et se retirer sur la Seine

afin de conserver Paris; nous avons dit comment les Français déjouèrent ses projets. Ils livrèrent la bataille de Patay; chacun de leurs généraux contribua en son particulier au gain de la journée : le connétable par ses habiles dispositions, le duc d'Alençon par son impétuosité chevaleresque, Jeanne d'Arc par son courage d'inspiration, Dunois par la valeur qu'il déploya dans toutes les attaques. Le Bâtard, placé à l'extrême droite, culbuta la division de l'Escalles et fit ce général prisonnier.

Les brillans avantages remportés dans cette circonstance par le connétable effrayèrent tellement La Trémouille que ce favori fit défendre au comte de Richemont de venir déposer ses nouveaux lauriers aux pieds du roi. Le bâtard d'Orléans ne porta point le même ombrage; il lui fut permis de se rendre auprès de Charles VII, qui le combla des témoignages de sa reconnaissance; il voulut qu'il l'accompagnât à Reims, où devait se faire la cérémonie du sacre. Les historiens, sans en excepter un seul, ont regardé comme un miracle cette marche de Gien à Reims : d'abord il n'y a que quarante-cinq lieues de l'une à l'autre ville, et non quatre-vingts comme ils le disent, surtout en suivant la ligne directe comme l'armée fit par un temps très-sec; elle n'avait à franchir qu'un seul fleuve; le pays qu'elle devait traverser était depuis long-temps soumis à l'Angleterre; mais il se trouvait pour le moment dégarni de troupes, et les habi-tans désiraient vivement rentrer sous la domina-tion de leur prince légitime; ils fournirent abon-damment des vivres et des moyens de transport. Bedfort, après tant d'échecs, pouvait à peine réunir 6,000 hommes, aussi renonça-t-il au projet d'arrêter une armée de 12,000 Fran-çais victorieux, ivres de joie, et conduisant au milieu d'eux leur monarque chéri. On peut donc croire que le merveilleux ne fut pour rien dans ce voyage de Reims.

Le conseil de Charles VII désirait avec raison faire sacrer ce prince le plus tôt possible. La cérémonie du sacre ajoutait à la vénération des peuples, qui la regardaient comme le complé-ment indispensable de la royauté. Les partisans de Charles VII, Jeanne d'Arc elle-même, ne l'ap-pelaient que *dauphin*, tant qu'il n'eut pas reçu l'onction, quoiqu'il fût reconnu comme roi de-puis huit ans. Charles ordonna au connétable de se porter dans la Normandie avec 5,000 hom-mes, afin d'occuper les Anglais sur ce point; et lui-même passa en revue, le 2 juillet, les 12,000 hommes destinés à l'accompagner. Il leur donna un à-compte de la solde qu'on leur devait, et le lendemain on se mit en route. L'avant-garde marchait sous le commandement de Dunois; le corps de bataille suivait le roi; Jeanne d'Arc chevauchait à côté de lui. En voyant défiler la colonne, cette fille vertueuse aperçut au milieu de l'immense attirail que conduisaient les soldats et les capitaines, quantité de femmes perdues de mœurs; elle ne put contenir son indignation; elle les chassa, et en frappa même plusieurs avec le plat de son épée; mais ce précieux glaive, sorti de la chapelle de Fierbois, cassa en deux, « ce dont le roi fut bien desplaisant, lui disant qu'elle devoit avoir pris un bon bâton, et frapper dessus sans abandonner icelle épée, qui lui estoit venue divinement, comme elle le disoit. Cette épée fut baillée à des ouvriers pour la refondre, ne qui le peurent faire, ni ne la peurent oncques rassembler (1). » Après deux jours de marche, on arriva devant Auxerre, qui ne voulait pas se soumettre, alléguant qu'elle appartenait au duc de Bourgogne et non aux Anglais. L'on avait grand intérêt à ménager Philippe-le-Bon; on se contenta de cette excuse, et l'on prit les vivres que la ville

(1) Histoire de Charles VII.

offrit de donner en grande quantité. Saint-
Florentin se soumit à la première sommation ; il
n'en fut pas de même de Troyes, ville très-forte,
où s'étaient jetés précipitamment les petits détachemens de troupes anglaises disséminés dans
cette partie de la Champagne.

Jean de Saveuse, capitaine bourguignon, gouverneur de la place, voulant donner une idée
avantageuse de ses forces, sortit au-devant des
Français, et engagea une escarmouche avec l'a-
vant-garde. Dunois le repoussa vigoureusement
et le rejeta dans la ville, après lui avoir tué beaucoup de monde. On espérait, après cet échec,
forcer les habitans à ouvrir les portes ; mais cet
espoir ne se réalisa point. Le conseil s'assembla
pour décider si on passerait outre, ou si on pous-
serait le siège : l'historien de la Pucelle assure
qu'elle fit décider le roi à ce dernier parti. En
effet l'armée, quoique épuisée de fatigue, forma
ses lignes d'attaques. Ces démonstrations effrayèrent extrêmement les habitans accourus
sur les remparts : la plupart y étaient attirés par
le désir de voir le roi ; plusieurs d'entre eux crurent qu'ils apercevaient l'étendard de Jeanne
d'Arc, autour duquel, disaient-ils, voltigeait une
grande quantité de papillons blancs, signe évident de la protection divine. Les têtes s'exal-

taient, la majorité des bourgeois décida qu'on ne pouvait plus résister davantage au roi leur seigneur : on convint que si, dans quatre jours, il ne paraissait aucune armée anglaise, on se rendrait. Pendant cet intervalle on fournit aux Français les vivres nécessaires. Le délai étant expiré sans que le renfort parût, les ponts-levis se baissèrent; le roi permis à Saveuse et aux soldats bourguignons de se retirer où bon leur semblerait. Il entra dans Troyes avec Dunois, les ducs d'Alençon, de Vendôme, de Bourbon et quelques chevaliers; l'armée resta campée hors les murs, sous le commandement d'Ambroise de Loré. Le lendemain des députés de Châlons vinrent offrir au roi les clés, en signe de soumission; plusieurs cités voisines imitèrent Châlons. Charles VII quitta Troyes le 11, et arriva à Reims le 16; il fut reçu dans la ville sainte au milieu d'un concours prodigieux : les habitans des campagnes étaient accourus de vingt lieues à la ronde. Le lendemain, qui était un dimanche, la cérémonie du sacre eut lieu; les maréchaux de Boussac et de Saint-Sever, l'amiral de Culant et le sire de Graville, grand-maître des arbalétriers, se rendirent dès le matin à l'abbaye de Saint-Remi, pour y prendre la sainte ampoule. Avant de la leur remettre, l'abbé exigea d'eux le serment sur l'Évangile de la rapporter intacte; ce qu'ils jurèrent. En conséquence l'abbé, revêtu de la chappe, se mit en route pour l'église cathédrale de Reims, portant le précieux dépôt, et se plaça au milieu des quatre généraux, qui tenaient l'épée nue. Pendant la cérémonie, Dunois remplit les fonctions de connétable à la place du comte de Richemont. Le jour même du sacre, le roi reçut la soumission des villes de Laon, de Soissons, de Châteaudun, de Coulommiers et de Provins; il se rendit dans cette dernière le surlendemain; il y reçut la nouvelle que Bedfort venait de quitter Paris avec la résolution de lui livrer bataille, et de relever le parti anglais par un succès éclatant. Le cardinal de Wincester était arrivé de Londres avec 6,000 hommes, destinés, disait-on, à former une croisade contre les hussites; mais le régent jugea plus à propos de s'en servir pour arrêter la fortune de Charles VII, que de les employer dans des querelles religieuses.

Charles VII, ses généraux et surtout Dunois, se montrèrent très-joyeux en apprenant la résolution du régent; ils se portèrent au-devant des Anglais, sur la route de Senlis; Ambroise de Loré et La Hire, à la tête de l'avant-garde,

rencontrèrent bientôt les coureurs de l'armée
ennemie, et les rejetèrent sur Bedfort: ce prince
s'avançait en bon ordre à la tête de 12,000
combattans. En apercevant les premiers cavaliers de Loré, il fit halte et prit aussitôt position en s'adossant à un petit étang, afin de
ne pas être tourné; il garantit son front par
une double ligne de piquets ferrés; les Anglais en portaient chacun deux : ils exécutaient
avec une promptitude admirable la manœuvre
de les planter à terre pour arrêter la cavalerie,
l'arme la plus redoutable des Français. D'après
les règles de la tactique anglaise, Bedfort se renferma dans sa position, attendant qu'on vînt l'y
attaquer : il espérait que la première impétuosité des soldats de Charles VII viendrait échouer
devant les obstacles matériels qu'il leur oppo-
sait. Mais les Français, à force de faire des fautes,
avaient appris à ne plus en commettre. L'armée
du roi s'approcha des Anglais, en bataille, jusqu'à deux portées d'arbalète; néanmoins elle
ne les attaqua point. Le roi s'était placé avec la
réserve en seconde ligne; les maréchaux Saint-
Sever et Boussac se mirent à la gauche de la première; les ducs d'Alençon, de Vendôme, de
Bourbon au centre; Dunois à la droite, avec ses
deux inséparables compagnons d'armes, Xain-

trailles et La Hire : il avait sous ses ordres les troupes légères chargées de commencer l'action. L'armée étant rangée, on dépêcha vers le régent, qui ne bougeait pas, un héraut pour l'inviter à sortir de ses retranchemens : Bedfort ne répondit pas au message, mais il repoussa vigoureusement les attaques partielles dirigés sur ses flancs par Dunois, qui ne cessait de l'inquiéter ; de manière que l'intervalle des deux armées devint une lice où il se tint, pendant plusieurs jours, des tournois sanglans, auxquels prenaient part 100, 200 poursuivans. Le sire de La Trémouille, ce favori si cher à Charles VII et si détesté de la nation, choisit ce moment pour se montrer : la noblesse et l'armée le connaissaient à peine ; il entra dans cette lice monté sur un magnifique coursier et revêtu d'une brillante armure. Il s'avança vers l'ennemi comme pour le braver ; mais plusieurs Anglais fondirent sur lui, le culbutèrent, et se disputaient déjà sa personne, dont ils espéraient avoir une forte rançon, lorsque quelques chevaliers français s'élancèrent sur eux et arrachèrent de leurs mains le favori éperdu.

Après trois jours d'attente, les deux armées se retirèrent ; les Français craignaient de compromettre la liberté du roi dans une action générale. Bedfort fit réflexion qu'il pouvait perdre

dans un engagement général sa dernière armée;
il jugea plus convenable de perpétuer la guerre
en disséminant ses forces sur la surface de l'Ile-
de-France et des provinces voisines de la capitale.
Ainsi le régent, parti de Paris avec l'intention d'accabler le roi d'un seul coup, n'osa pas
tenter la fortune, il se retira sur Saint-Denis.
Dunois à la tête de la cavalerie le harcela sans
cesse et lui tua du monde (fin de 1429); le roi,
enhardi par la retraite de Bedfort, poussa jusqu'au
milieu de l'Ile-de-France; Dunois, toujours à la
tête de l'avant-garde, entra dans Saint-Denis et
prit position devant Montmartre; Charles VII,
accompagné de la Pucelle et de ses généraux,
vint se placer sur cette montagne; il considéra
pendant quelque temps avec une vive émotion
cette grande cité où il avait reçu le jour, dont
les portes lui étaient fermées depuis douze ans,
et sur laquelle il voyait flotter l'étendard de l'Angleterre. Ayant examiné la position de la place,
les royalistes attaquèrent impétueusement; mais
ils furent repoussés avec une grande perte, et la
Pucelle reçut une blessure grave. Après cet échec,
Charles VII dégoûté quitta l'armée, et regagna
le Berri; il nomma pour gouverneur de l'Ile-de-
France, dont une grande partie était soumise à
ses armes, le comte de Vendôme, prince du sang,

en lui adjoignant pour lieutenant le bâtard
d'Orléans. L'hiver entier se passa en escarmouches. Mais , pendant cette inaction, Bedfort
avait mis en jeu tous les ressorts de l'intrigue
pour réparer par quelque événement politique
les pertes essuyées dans la campagne de 1429.
Il sentit qu'il avait commis une faute majeure
en blessant la fierté du duc de Bourgogne ; il
employa tout l'hiver à le ramener ; il lui offrit
de se démettre en sa faveur de la régence du
royaume de France. Cette proposition flatta
singulièrement l'amour-propre de Philippe, qui
se rendit sur-le-champ à Paris; il y fit son entrée le 30 septembre 1429 par la porte Saint-
Martin. Sa sœur, femme de Bedfort, l'accompagnait; elle avait contribué à rapprocher les
deux rivaux : 6,000 Picards et 4,000 Flamands
suivaient le duc de Bourgogne ; ces troupes,
conduisant un nombreux attirail de machines
et de chariots, furent logées dans l'intérieur
de la ville ; on leur assigna des maisons vides
dont le nombre était fort grand, car la misère
et les maladies avaient moissonné la moitié de
la population. Bedfort venait d'abandonner à
son beau-frère le gouvernement de Paris, mais
Philippe ne fit rien pour diminuer les maux qui
accablaient cette capitale ; c'était la ville de

France dont les habitans montraient le plus d'attachement aux ennemis de la patrie; aussi le ciel faisait-il peser sur eux toute espèce de calamité.s La famine et le froid étaient les châtimens que ces mauvais Français ressentaient le plus. A peine l'automne venait-elle de commencer qu'il gelait déjà; cent petits coterets coûtaient vingt-quatre sols parisis, six fois plus cher que dans des temps ordinaires; deux œufs, quatre deniers, dix fois plus que six ans auparavant. On rencontrait des corps morts à tous les coins des rues et sous le porche des églises. Les royalistes qui battaient la campagne autour de Paris ne laissaient passer aucun transport de vivres, de telle manière que les troupes entrées avec le duc de Bourgogne se voyaient au moment de mourir de faim; elles se mutinèrent pour obtenir du pain : le pillage ne pouvait être le but de ce mouvement, car il n'y avait rien à prendre. Philippe, dans l'impossibilité de satisfaire tant de besoins, entouré sans cesse de malheureux qui venaient expirer devant la porte de son palais, quitta brusquement Paris, le 15 septembre, la vigile de la Saint-Luc, sans faire aucune disposition pour garantir la ville des entreprises des royalistes. « Si on vient vous attaquer, dit-il aux notables, défendez-vous de vôtre mieux. » Veez là, dit le Journal de Paris, tout le bien qu'il fist (1).

Le duc se rendit à Bruges pour épouser Isabelle de Portugal. Bedfort revint à Paris, et s'empressa d'envoyer en Flandres sa femme, afin de complimenter la nouvelle duchesse de Bourgogne et proposer à Philippe la cession définitive de la Champagne et de la Brie comme gage de leur raccommodement; mais il demandait que de son côté le duc prît une part plus active aux opérations de la guerre, et s'unît franchement aux Anglais pour accabler Charles VII dans la campagne qui allait s'ouvrir.

Afin de prouver sa bonne volonté, Philippe commença en personne la campagne de 1430, avec une armée composée de l'élite des Bourguignons. Suffolk et 3,000 Anglais vinrent se mettre sous ses ordres. Dunois et Xaintrailles, jugeant qu'il était impossible de lui tenir tête en rase campagne, occupèrent les places fortes: Dunois se jeta dans Corbeil, Xaintrailles dans Melun, et la Pucelle dans Compiègne, dont le farouche Flavi était gouverneur. Le duc de Bourgogne investit cette dernière ville; la présence de Jeanne d'Arc avait transporté d'en-

(1) Journal de Paris, p. 127.

thousiasme les habitans et la garnison, ils repoussèrent vigoureusement les Bourguignons. Le 25 mai, la Pucelle fit une sortie à la tête de 600 hommes, et la dirigea sur les quartiers du comte de Ligni : elle les mit dans le plus grand désordre. Mais s'étant avancée inconsidérément au milieu des lignes, l'intrépide Jeanne d'Arc se vit entourée de tous côtés; elle s'ouvrit cependant un chemin, et battit en retraite en bon ordre jusque sous les murs de Compiègne; elle espérait trouver en dehors des portes le reste de la garnison disposé à protéger sa rentrée. En effet, le pont-levis resta baissé assez de temps pour recevoir les deux tiers de son monde; mais au moment où elle-même allait passer, le pont-levis se leva : Jeanne resta au bord du fossé avec une poignée de soldats. Le bâtard de Vendôme, qui la poursuivait de très-près, voyant son embarras, fondit sur elle; et cette fille généreuse, trahie par la fortune, se vit obligée de rendre les armes après une résistance opiniâtre. Il parut constant que Flavi, jaloux de Jeanne d'Arc, dont le crédit auprès des troupes était bien supérieur au sien, saisit cette occasion pour la perdre, afin de mettre un terme à une rivalité incommode. Le caractère atroce de ce guerrier justifiait pleinement les soupçons que l'armée conçut à cet égard. Au reste, on aime à savoir que le trépas de cette femme héroïque fut vengé par une autre femme. Flavi avait épousé en secondes noces Blanche de Danebruch, dont les charmes firent sur lui une vive sensation; mais dans un mouvement de jalousie il décida de la faire mourir. D'après sa coutume, il -mit un grand mystère dans ce nouvel attentat, et ne montra aucun ressentiment contre sa femme. Il ordonna à ses gens de s'emparer de Blanche, de la lier dans un sac, et de la jeter·à minuit au fond des fossés du château de Bélabre qu'il habitait alors ( 1432 ). Blanche fut prévenue du péril qu'elle courait, quelques heures avant le moment fatal. Voyant sa perte assurée, elle entra dans la chambre de Flavi, qui dormait profondément, et le fit poignarder devant elle par un domestique dévoué à ses intérêts. Blanche quitta le château de Bélabre, et fut se jeter aux pieds du roi, qui se trouvait alors à Saumur. Charles VII lui accorda sa grace pleine et entière (1).

La prise de Jeanne d'Arc refroidit un moment l'ardeur des soldats. Il était urgent d'obtenir des

______

(1) Histoire de Charles VII, par un anonyme.— Saint-Syphorien Guyon, page 237.

succès, afin de prouver qu'on pouvait agir effi-
cacement sans le secours de cette fille extraordinaire. Le comte de Vendôme et Dunois unirent
leurs efforts pour secourir Compiègne, que Flavi
défendait encore plus opiniâtrément depuis la
perte de la Pucelle. Dunois courut toute l'Ile-
de-France et la Beauce, afin de réunir les
capitaines répandus en partisans dans la campagne. Il parvint à rassembler 14,000 hommes,
avec lesquels il se porta rapidement sur Compiègne, et força le Bourguignon à lever le
siège. Dunois le poursuivit jusqu'en Picardie.
Le Bâtard, satisfait de l'avoir bravé au milieu
de ses États, se replia sur l'Ile-de-France,
en prenant Gournay, Choisi, et Pont-Sainte-
Maxence. Ainsi se termina, d'une manière glorieuse, la campagne de 1430, commencée
sous de tristes auspices, par la prise de la Pucelle. L'année 1431 s'ouvrit par le supplice de
cette héroïne. Les Anglais voulaient laver dans
le sang d'une femme la honte de leurs armes;
mais cette vengeance les couvrit d'opprobre, et
loin de rappeler la fortune sous leurs drapeaux,
elle devint pour eux la source de revers encore
plus éclatans.

Pendant sa vie, Jeanne d'Arc avait rendu
d'éminens services à l'État, en ranimant le cou-

rage abattu des Français ; elle en rendit encore après sa mort, car sa fin déplorable remplit d'indignation toutes les ames. Les soldats, dont elle s'était attiré la vénération, exprimaient avec énergie le désir de la venger. Les généraux profitèrent habilement de ces dispositions, et attaquèrent l'ennemi sans qu'il s'y attendît. Dunois venait de fixer l'attention publique par un succès brillant, qui précéda de quelques jours le supplice de l'infortunée Jeanne d'Arc. Chartres était au pouvoir des Anglais : cette ville, importante par sa population, tenait toute la Beauce dans la domination anglaise. Les habitans, accoutumés au gouvernement de Henri VI, s'y montraient généralement dévoués ; les sires de Villeneuve et de l'Aubepin, tous deux Français, de la faction de Bourgogne, y avaient été placés par Bedfort, le premier en qualité de gouverneur, et le second comme capitaine d'armes. L'évêque, Jean de Fretigny, se montrait l'ennemi le plus acharné de Charles VII. Quelques hommes généreux avaient cependant conservé l'amour de leur pays. Les pères Paris et Champron, chanoines de la cathédrale, et un Jacobin, nommé frère Sarrazin, prédicateur éloquent, se mirent en rapport avec le roi par le moyen de deux colporteurs, nommés Bouffineau et Le-

sueur. Ces deux marchands allaient chaque semaine à Paris ; puis à Orléans, et rapportaient
dans leurs voitures des marchandises, des vivres
de toute espèce, et principalement des aloses,
poisson très-recherché par les Chartrains, réputés fort gourmands ; dans un de leurs voyages
à Orléans, ils s'offrirent eux-mêmes pour favoriser quelque surprise. Le conseil de Charles VII
les encouragea dans leurs bonnes dispositions ;
enfin, ils proposèrent de livrer aux troupes du
roi une porte de la ville. Personne ne parut plus
capable de diriger cette entreprise que Dunois,
dont la prudence égalait le courage. Après s'être
abouché avec les deux marchands, ce général,
suivi de 4,000 hommes, entra dans la Beauce, et
s'approcha de Chartres : Florent d'Illiers, capitaine de résolution, Lahire, Gaucourt, d'Estouteville, Villebon, lui servaient de lieutenans.
Le 20 avril 1431, vigile de Pâques fleuries,
fut désigné pour le coup de main. La veille de
ce jour, Dunois échelonna son monde par
détachemens sur la route de Blois, en les ca-
chant le mieux possible dans des embuscades.
Florent d'Illiers s'avança au milieu de la nuit
jusqu'à cent pas de la porte St.-Michel avec 60
soldats ; La Hire était à deux cents pas de lui ;
il conduisait 300 soldats ; le sire de Gaucourt se

tenait derrière La Hire, à une égale distance, avec 600 hommes; le Bâtard se posta une demi-lieue plus loin, en gardant auprès de lui le reste de la troupe. Ces détachemens devaient, en cas de succès ou de résistance, arriver successivement devant la porte pour forcer les obstacles par un mouvement vigoureux. Le frère Sarrazin avait annoncé pour le 20 avril un sermon, en promettant force indulgences à ceux qui viendraient l'écouter. Il choisit une église située au bas de la ville, près la porte de Dreux, précisément opposée à celle de Saint-Michel; il fut assez heureux pour attirer sur ce point toute la population. Les deux colporteurs, instruits d'avance de cette circonstance, se présentèrent devant la porte au moment du sermon; ils menaient une grande quantité de charrettes chargées de marchandises, dont les conducteurs étaient des soldats couverts de blouses. L'arrivée de ces deux marchands causait toujours beaucoup de joie aux habitans, parce qu'ils apportaient ordinairement d'Orléans ou de Paris des vivres et des provisions que l'on ne trouvait pas à Chartres; les gardes s'empressaient de leur ouvrir les portes, que l'on tenait fermées le jour comme la nuit. A la vue du convoi considérable qu'ils amenaient ce jour-là,

les bourgeois de garde accueillirent Bouffineau
et Lesueur avec mille salutations. On baissa les
ponts-levis, les barrières s'ouvrirent, et les voitures entrèrent ; lorsqu'elles furent toutes sur
le pont, les marchands s'arrêtèrent, et, tirant
de leurs paniers de belles aloses, ils les donnèrent aux portiers : « Tenez, dirent-ils, ceci sera
pour votre dîner ; nous vous dérangeons si souvent, il est juste de récompenser vos peines. »
Pendant ce colloque, Florent d'Illiers sort de
son embuscade, se porte rapidement sur le pont-
levis, file à travers les voitures, se saisit des
gardes ; ceux qui résistent sont massacrés ; il
s'avance dans la ville, qu'il trouve déserte, se
dirige vers la cathédrale, arrive sur la place,
plante la bannière de France devant le portail
de l'église, et dissipe le peu d'habitans qui
voulaient s'attrouper. La Hire avait suivi le
mouvement de son collègue ; il pénètre à son
tour dans la ville, débarrasse la porte, en faisant ranger le convoi, y place un détachement,
et se dirige également vers la cathédrale. Les
soldats bourguignons et les bourgeois veulent
l'arrêter, il les culbute, et finit par opérer
sa jonction avec Florent, qui luttait contre des
forces supérieures ; mais, en peu d'instans, ils
se trouvèrent l'un et l'autre fort compromis ;

cependant l'arrivée de Gaucourt empêcha qu'ils fussent accablés.

Les Bourguignons et les bourgeois accouraient en foule ; ils étaient conduits par l'évêque, qui d'une main portait la croix et de l'autre l'épée. L'engagement devint général. Certainement les Français entrés dans la place, seraient devenus victimes de leur audace, si Dunois ne fût arrivé au plus vite. Ce général avait suivi successivement les mouvemens de ses lieutenans ; il entra au galop dans la ville, en ordonnant au sire de Villebon de conduire l'infanterie au pas de course ; il balaya les rues, et vint prendre à dos les soldats bourguignons, qui pressaient vivement Florent et La Hire. La jonction de toutes ces forces ranima le courage des bourgeois royalistes, qui ne balancèrent plus à se prononcer. Au bout de quelques heures, les points principaux furent occupés. Le gouverneur Villeneuve, se voyant dans l'impuissance de résister, s'échappa par la porte de Dreux avec 100 hommes ralliés autour de lui. L'évêque, ne cessant d'exciter les Bourguignons, fut tué au milieu de la place, ainsi que 150 de ses partisans. La résistance que la majeure partie des habitans avait opposée irrita si fort les soldats français, qu'on ne put les empêcher de livrer la ville au pillage. Sur le rapport du Bâtard, le roi récompensa Bouffineau et Lesueur, que Monstrelet appelle, on ne sait pourquoi, le petit Guillemin et Jean Conseil. Le premier fut nommé, par lettres patentes, contrôleur du grenier à sel de Chartres (1).

La prise de cette ville fit aussitôt renchérir le pain dans Paris d'une manière effrayante (2); mais la joie de cette conquête fut troublée par la nouvelle de la perte de Montargis. La place fut enlevée par stratagème, comme Chartres venait de l'être par Dunois. Surienne, Aragonnais de nation, aventurier fameux entré depuis long-temps au service de l'Angleterre, parvint à se ménager des intelligences dans la capitale du Gatinais. Un jour qu'il explorait les dehors de la place, il vit une jeune fille fort jolie, d'une condition obscure ; il en devint épris, quoique déjà vieux, et en obtint plusieurs rendez-vous ; il lui promit de l'épouser, si elle voulait l'aider à surprendre Montargis. Cette jeune fille se laissa éblouir par l'espoir de se marier avec un général, et promit de favoriser ses projets. Elle recevait, depuis plusieurs années, les soins

(1) Doyen, Histoire de la Beauce, in-8, t. II, p. 35.
(2) Journal de Paris, p. 149.

d'un barbier dont la maison, bâtie sur les bords des fossés, communiquait aux remparts par une cave. Elle lui promit à son tour de l'épouser, et de plus 6,000 livres, s'il faisait entrer par sa maison les Anglais dans Montargis. Cette basse intrigue réussit au-delà de toute espérance : la place, qui avait résisté à la valeur et aux savantes dispositions des meilleurs généraux anglais, fut prise pendant la nuit par un aventurier entreprenant. Surienne, au comble de ses désirs, ne tint aucune de ses promesses, et chassa avec mépris la jeune fille et le barbier.

Ce malheur ne fut pas le seul qu'on eut à déplorer dans le courant de l'année 1431 ; le brave Arnaud de Barbazan fut tué à la bataille de Bullegneville, le 2 juillet ; il avait été envoyé par Charles VII au secours du duc de Lorraine, attaqué dans ses États par le comte de Vaudemont, commandant les troupes bourguignonnes. Deux mois auparavant, Barbazan avait gagné sur les lieutenans de Philippe-le-Bon la bataille de la Croisette, auprès de Châlons (1). La Hire et Xaintrailles furent faits pri-

(1) Arnaud de Barbazan, surnommé le chevalier sans reproche, fut enterré à Saint-Denis en face de Duguesclin qu'il avait pris pour modèle. En 1410, par acte du 10 août, il institua pour son héritier Bernard de Castelbajac ,

sonniers quelques semaines après la mort de Barbazan ; Dunois seul conserva ses avantages ; réuni au maréchal de Rieux, à l'amiral de Culant et au capitaine castillan Diego de Villandras, il contraignit le 15 août le duc de Bedfort à lever le siège de Lagny, et le poursuivit jusque dans les faubourgs de Paris. Le mois suivant, une révolution, arrivée dans la cour de Charles VII, vint seconder merveilleusement l'ardeur du Bâtard, nous voulons parler de la chute de La Trémouille, dont la disgrace fit pousser des cris de joie universels. Dunois ne pouvait qu'éprouver de l'éloignement pour un homme qui retenait le roi dans l'oisiveté, et qui, par ses intrigues, paralysait les efforts des vrais amis de Charles VII ; mais sa satisfaction fut moins vive lorsqu'il apprit que La Trémouille avait pour successeur dans le maniement des affaires le comte de Richemont. Celui-ci, en sa qualité de connétable et de premier ministre, allait exercer une autorité immense. Dunois, accoutumé à diriger les opérations, devait trouver cruel d'être subordonné aux ordres d'Arthur, qui affectait sans cesse de faire sentir la

sénéchal de Bigorre, fils de sa sœur Jeanne Barbazan. Ce général n'avait point alors d'enfans ; il eut depuis une fille qui épousa le sire d'Estrac.

supériorité de son rang. Dès ce moment naquit entre le comte de Richemont et le Bâtard une rivalité de position qui dégénéra chez le dernier en jalousie chagrine. Au reste, il se passa encore quelque temps avant que Dunois eût occasion de se mettre en opposition ouverte avec le connétable, car il resta deux années entières dans l'Ile-de-France ou dans la Beauce, livrant des combats journaliers, pendant que le comte de Richemont opérait sur les frontières de la Bretagne. Ces deux généraux ne se trouvèrent réunis qu'en 1434, à Vienne, où Charles VII tenait sa cour. Arthur venait de chasser les Anglais du Maine et du Poitou; mais, peu satisfait de ces résultats, il proposa au roi d'entreprendre une campagne générale à laquelle tous les capitaines prendraient part. Charles VII approuva ses intentions, lui donna ses pleins pouvoirs, et l'autorisation de réunir sous son commandement toutes les troupes royalistes : entreprise aussi difficile que de vaincre Bedfort en bataille rangée : il fallait d'abord arrêter les ravages des capitaines, et les faire rentrer dans les rangs de l'armée. Nous avons dit comment Arthur rassembla à Vienne les bannerets, chevaliers et écuyers qui se trouvaient dans le Dauphiné et les provinces voisines. Il en composa quatre compagnies de cent lances : la lance était de cinq hommes ; il donna le commandement de la première à Dunois, dont il estimait les talens et le caractère, car il ne le regardait pas encore comme un rival. Depuis ce moment, le Bâtard n'agit plus que sous les ordres du connétable ; mais, dans cette position, il rendit des services signalés, et augmenta sa réputation.

Le comte de Richemont, ayant formé une nouvelle armée dans le centre du royaume, franchit la Loire, traversa la Beauce, l'Ile-de-France, et pénétra en Picardie, au milieu des possessions anglaises ; il laissa Dunois auprès de la Seine pour protéger les derrières, lui ordonnant de tenter un coup de main sur Saint-Denis. Le Bâtard obéit, et enleva cette ville en présence de Bedfort, qui se vit obligé de rentrer précipitamment dans Paris. Cette campagne fut très-brillante ; les Français s'y couvrirent de gloire ; les généraux anglais y déployèrent également de la bravoure et de l'habileté. Dunois se trouva constamment opposé à Talbot ; l'un et l'autre s'envoyèrent des présens à différentes reprises, comme témoignage d'une estime réciproque. L'accommodement de Philippe-le-Bon avec Charles VII indigna vivement les Anglais ; ils voulurent s'en venger en poussant la guerre avec plus de vigueur; ils reprirent l'offensive, et déployèrent une activité que les revers ne diminuèrent jamais.

En partant pour le congrès d'Arras, Arthur laissa le commandement alternatif de l'armée au maréchal de Rieux et à Dunois; celui-ci soutint dans les bois d'Houdan une brusque attaque de Talbot; après une lutte vigoureuse, il repoussa ce général jusque sous les murs d'Houdan qu'il enleva (fin de mai 1435); il réduisit avec célérité Pontoise, Beaumont, Melun et Pont-Sainte-Maxence. Mais, de leur côté, les généraux de Bedfort reprirent Saint-Denis, et poussèrent même jusqu'à Meulan; le Bâtard accourut au secours de la place; il livra une action dans laquelle il fut grièvement blessé, néanmoins il resta maître du champ de bataille; l'ennemi fut obligé de se retirer précipitamment vers Paris. La délivrance de cette capitale devint bientôt l'unique but des opérations du connétable, qui était revenu prendre le commandement de l'armée: Woodwille, gouverneur de Paris, sentant l'importance de la possession de Saint-Denis que les Français menaçaient pour la seconde fois, détacha le vicomte de Beaumont avec 1,200 hommes, en le chargeant d'aller renforcer la garnison de ce poste. Arthur, instruit de cette détermination, détacha à son tour une forte division qu'il mit sous les ordres du Bâtard ; celui-ci attaqua vigou-reusement Beaumont auprès des Léprories, lui tua 4oo hommes, et le fit prisonnier avec 2oo autres soldats ; le reste se dispersa dans la campagne, et Dunois reprit Saint-Denis. Ce succès détermina Arthur à tenter un coup de main sur Paris. Nous avons déjà dit comment la capitale rentra sous l'obéissance de son roi légitime ; Dunois fut un de ceux qui coopérèrent le plus à la réussite de cette importante entreprise : il s'approcha le premier de la muraille, on lui tendit une échelle, il parvint aux créneaux en même temps que l'Ille Adam. Sans laisser refroidir l'ardeur des troupes, Arthur, maître de Paris, envoya ses lieutenans occuper les points les plus importans du voisinage de cette ville ; Dunois enleva Marcoussi, Montléri, mais il échoua devant Creil qu'il ne put jamais emporter. Il fut rejoindre le connétable devant Montereau. On sait que Charles VII, sollicité de rentrer dans Paris, ne voulut pas y paraître avant de s'être signalé dans quelque entreprise considérable ; c'est alors que le siège de Montereau fut résolu. Nous avons dit comment le roi fixa l'attention de toute l'armée par sa brillante valeur ; après la conquête de cette place, il en donna le gouvernement au bâtard d'Orléans. Dès ce moment, la faveur de ce guerrier ne connut plus de bornes ; son autorité devint presque l'égale de celle du connétable, mais plus sa fortune s'élevait, plus sa jalousie pour le connétable augmentait : cette rivalité devint évidente à tous les yeux, et divisa la cour en deux partis.

Charles VII fit son entrée dans Paris qu'il n'avait pas vu depuis vingt ans, et déploya en cette circonstance le plus de pompe possible.

Le roi coucha à Saint-Denis le 11 novembre ; il en partit le lendemain matin. Il trouva à La Chapelle les échevins, les chefs des corporations, l'université, le parlement et les notables tenant les clefs. Il reçut les complimens d'usage, les mêmes que depuis vingt ans on avait prodigués à Henri V, à Henri VI, au régent Bedfort et au duc de Bourgogne. Après une pose d'une heure à La Chapelle, le cortège se remit en marche ; il s'ouvrit par 800 archers français, que commandaient le comte de Vendôme et le sire de Graville, grand-maître des arbalétriers ; puis venaient 200 archers du roi, la moitié français et la moitié écossais : ce fut le noyau des compagnies des gardes-du-corps instituées plus tard. Ils étaient suivis de Xaintrailles, grand écuyer, portant au bout d'une haute lance le heaume du roi. Il était vêtu magnifiquement, et montait un coursier couvert de drap d'argent semé de cerfs-volans en orfévrerie; trois écuyers tenaient les autres pièces de l'armure royale, la cotte de velours bleu ornée de grandes fleurs de lis d'or bordées de grosses perles, et les gantelets à fil d'or; un troisième brandissait l'épée parsemée de fleurs de lis. Venait ensuite le roi, monté sur un destrier de moyenne grandeur; comme ce prince avait des jambes courtes au point d'en paraître ridicule à cheval, il se couvrait, dans les cérémonies, d'une robe qui descendait jusqu'à terre. Il était coiffé d'un chapeau pointu de castor blanc doublé de velours rouge, avec une houppe de fil d'or (1). Un chanfrein d'acier et de belles plumes d'autruche ornaient la tête du destrier. A la gauche du roi marchait le dauphin, habillé comme son père, à l'exception de la coiffure, qui était un chapeau rouge. Les princes du sang suivaient des deux côtés. On remarquait derrière le roi le connétable avec son bâton de commandement et sa cotte d'armes chargée des hermines bretonnes. Le cortège se terminait par ce que l'on appelait la bataille du roi : elle paraissait ordinairement dans toutes les cérémonies d'apparat, et se formait de

_______________

(1) Histoire de Charles VII, par un anonyme.

l'élite de la noblesse, qui se piquait de déployer la plus grande magnificence. La bataille
de Charles VII se composait de 1,200 bannerets,
chevaliers, écuyers, la plupart vieux capitaines
qui se battaient depuis vingt ans pour la cause
royale. Chacun d'eux rivalisait de richesse dans
le harnachement des chevaux et dans les armures;
et comme la magnificence de ce siècle se renfermait entièrement dans la pompe militaire, il est
assez probable qu'elle surpassait de beaucoup
celle de nos jours. Le sire de Rostremen et le
sire de Chabannes se faisaient particulièrement
distinguer par la somptuosité de leur tenue. A
la tête de ces 1,200 nobles., dont l'aspect devait
être éblouissant, marchait seul, à quelques pas
en avant, le bâtard d'Orléans, armé de toutes
pièces, monté sur un cheval d'une excessive
grandeur, et qu'une robe de drap d'or couvrait
entièrement. Dunois tenait un bâton rond doré;
il avait sur les épaules une chaîne d'or en forme
de feuilles de chêne, pesant 50 marcs. Un écuyer,
également à cheval, le précédait, portant une
haute lance peinte en rouge avec des étoiles d'or.
Au bout de cette lance pendait l'image de l'ar-
change saint Michel terrassant le Diable.

A la porte Saint-Denis le roi trouva un dais
très-élevé, avec lequel il traversa toute la ville.

Ce dais fut porté, successivement par les échevins, les marchands, les épiciers, enfin par les chefs des diverses corporations. La multitude remplissait les rues et les places publiques. Les hommes vieux pleuraient de joie en revoyant leur roi, dont ils avaient jadis salué la jeunesse; quelques-uns se rappelaient ses traits : mais les jeunes ne connaissaient point Charles VII; la curiosité leur tenait lieu pour le moment de tout autre sentiment. De son côté, le roi considérait les habitans de Paris avec étonnement, et quelquefois des pleurs inondaient son visage. Il répondit avec bienveillance aux acclamations universelles. Sa bonté pour le peuple était extrême; il aimait ses sujets avec passion. Charles VII ne trouva point d'ingrats. Au reste tous les Valois, à l'exception des deux derniers fils de Catherine de Médicis, furent très-aimés des Français.

Au bonheur de voir son prince rentré en possession de sa capitale, Dunois vit ajouter la certitude de la délivrance de son frère, le dùc d'Orléans, captif à Londres depuis vingt-cinq ans. On sait que ce prince, fait prisonnier à la bataille d'Azincourt, ne put obtenir de Henri V de se racheter par une rançon. Le monarque anglais croyait agir très-sagement en retenant dans les fers les princes du sang que le sort des armes avait fait tomber en son pouvoir. En mourant, il recommanda à ses frères de suivre la même politique. Le duc de Bedfort se conforma long-temps aux volontés du roi ; mais le besoin d'argent fit changer cette manière d'agir. Le fils de Valentine aurait donné tous ses domaines pour obtenir la permission de quitter l'Angleterre, dont le séjour lui était odieux. Il devint presque aveugle à force de pleurer ; les lettres diminuèrent un peu ses ennuis. Il fut transporté à Calais, où sa famille devait faire porter la rançon exigée. Le Bâtard vola dans cette ville pour embrasser un frère dont il conservait le souvenir quoiqu'il ne l'eût pas vu depuis vingt-cinq ans. Le duc le combla de caresses, en le remerciant surtout du zèle qu'il avait mis à défendre ses domaines contre les Anglais et contre les pillards qui couvraient la surface de la France ; et pour lui donner un témoignage de sa reconnaissance, il échangea avec lui la seigneurie de Vertus contre le comté de Dunois, possession bien plus importante. L'acte fut passé à Calais le 21 juillet 1439. Depuis cette époque, le Bâtard prit le titre de comte de Dunois, sous lequel il est plus généralement connu dans l'histoire. Cependant il continua à se faire appeler le *Bâtard d'Orléans*, et ne prit le titre de comte de Dunois que dans les actes publics. Cette augmentation de domaines et la réputation qu'il venait d'acquérir dans les dernières campagnes en firent alors un des personnages les plus considérables du royaume.

Quelque temps après, il contracta un nouvel hymen; sa femme, fille de Louvet, était morte, en 1437, sans lui avoir donné d'enfans : il épousa Marie d'Harcourt, fille de Jacques d'Harcourt, comte de Tancarville. Il reçut en dot 600 livres de rente, et une partie des droits que la famille d'Harcourt croyait avoir sur la riche seigneurie de Parthenay, léguée par le sire de Lilliers au comte de Richemont. Les d'Harcourt avaient formé depuis long-temps opposition à ce legs. Les désordres dans lesquels se trouvait l'administration du royaume avaient empêché que le parlement jugeât cette affaire. La nouvelle alliance du Bâtard avec la maison d'Harcourt ajouta des motifs d'intérêt à la jalousie qu'il avait conçue contre le connétable. Cette rivalité se changea en une haine violente, et il en résulta bientôt un éclat fâcheux à la suite d'un incident dont nous avons déjà parlé. Les Anglais, n'osant plus tenir la campagne contre le connétable, abandonnèrent le plat pays, et se renfermèrent dans

les places fortes voisines de la capitale : on ne
chercha point à les y forcer. Les capitaines et
les généraux français, fatigués de la guerre, se
retirèrent dans les provinces du centre avec leurs
compagnies pour y vivre plus facilement, car
les environs de Paris étaient dévastés. Le comte
de Richemont venait d'être nommé gouverneur
de la Champagne et du pays compris entre la
Loire et la Seine. Il mettait le plus grand zèle à
ramener l'ordre dans ces provinces, en proie
depuis un quart de siècle à tous les fléaux que la
guerre traîne à sa suite. Il apprit bientôt qu'elles
étaient pillées impitoyablement par les capitaines
français ; et ces ravages ne tardèrent pas à s'étendre
jusque sous les murs de Troyes, où il venait d'établir sa résidence. Il alla au-devant de ces pillards, et les dispersa ; mais il put dès lors se con-
vaincre qu'ils avaient pour soutiens les principaux
chefs de l'armée de Charles VII, qui, au lieu de
licencier leurs soldats, les retenaient auprès
d'eux ; ils exerçaient sur les habitans la tyrannie
la plus odieuse. Le maréchal de Boussac, La
Hire, et surtout Dunois, se faisaient remarquer
au milieu de tous par leur avidité. Quelques
circohstances particulières de la vie du Bâtard
font penser que l'avarice ternissait ses vertus
guerrières. Arthur, d'un caractère bien opposé,

voulut déployer son autorité pour arrêter ces dévastations; l'on méprisa ses ordres : d'ailleurs les moyens coercitifs lui manquaient totalement. Dunois se plut à braver les défenses du connétable : il agissait en cela autant par animosité personnelle que par insubordination; il lui déclara que sa qualité d'allié à la famille royale, et le sang qu'il avait versé pour la patrie, le mettaient en position de mépriser les ordres d'un officier de la couronne. Il est curieux de voir un guerrier rappeler les services qu'il a rendus à l'État pour s'autoriser à dévaster son propre pays. Le connétable, rempli d'indignation, courut porter ses plaintes au roi : il lui fit un tableau fidèle de la situation déplorable dans laquelle les ravages des généraux avaient réduit les provinces du centre; il signala particulièrement Dunois comme l'instigateur de tous ces maux : le dépit qui l'animait l'empêchait de voir que le roi était dans l'impuissance d'y obvier. Charles et son conseil gémirent sur tant de misères, et ils ne trouvèrent d'autre moyen que d'occuper ces guerriers, dont l'oisiveté devenait le fléau de l'État. En conséquence, on fit annoncer que le connétable allait commencer le siège de Meaux, ville opulente dont la conquête promettait un riche butin. Les capitaines accoururent tous, et se rangèrent sous les ordres d'un généralissime qu'ils n'aimaient point.

Arthur n'était pas homme à déguiser ses sentimens, il ne cacha point les plaintes qu'il avait portées au roi. Les capitaines en témoignèrent un vif déplaisir. Dunois en parut le plus offensé : c'est peut-être à ce ressentiment qu'il faut attribuer la conduite coupable qu'il tint l'année suivante.

Après la reddition de Meaux, dont la conquête fut entièrement due aux vigoureuses dispositions du comte de Richemont, la campagne se continua avec des succès balancés. Les parties belligérantes, épuisées par une lutte de vingt-cinq ans, se montrèrent disposées à faire la paix. On ouvrit des pourparlers au commencement de 1440. Dunois profita de cette circonstance pour travailler à la délivrance définitive du duc d'Orléans, resté à Calais depuis long-temps : il eut le bonheur de pouvoir s'attribuer le mérite d'avoir brisé les fers de son frère ; mais cet heureux événement ne calma point l'inquiétude de son caractère. Les pourparlers entre la France et l'Angleterre continuaient, mais la trève n'était point encore proclamée. Les princes du sang et d'autres seigneurs choisirent ce moment pour former nne ligue criminelle, sous prétexte de réformer les abus du gouvernement. Ils regardaient comme un abus les efforts que le roi et ses conseillers faisaient pour réprimer les excès des gens de guerre et châtier l'indocilité de la haute noblesse. La Trémouille, irrité de sa juste disgrace, prêta son appui aux rebelles. Dunois, oubliant ses devoirs, aveuglé par la haine qu'il nourrissait contre le comte de Richemont, marcha sous leurs bannières, sans considérer qu'en agissant ainsi il allait peut-être renverser un trône que depuis vingt ans il cherchait à relever. On sait que le dauphin fut mis à la tête de cette ligue. Charles déploya, dans cette circonstance difficile, une énergie qu'on n'attendait pas de lui ; mais l'indignation l'animait, et chez les hommes indolens ce sentiment tient souvent lieu de vertu. Il envoya le comte de Richemont dans les provinces, afin de soutenir la fidélité des peuples et disposer les moyens d'une défense vigoureuse. Le connétable, accompagné seulement de vingt officiers, se rendit dans les places situées entre la Seine et la Loire, afin de les mettre à l'abri d'une surprise. En traversant un bois près de Beaugenci, il tomba au milieu des principaux rebelles, qui avaient choisi précisément ce lieu pour s'y réunir ; ces nobles, au nombre de six cents, l'entourèrent comme des furieux, en l'accablant de reproches. Dunois se montra le plus violent dans ses menaces ; il proposa hautement de faire prisonnier le connétable, et de le garder comme otage. Cette opinion fut adoptée tumultueusement par ces hommes courroucés. Le sire de Chabannes fut le seul qui s'y opposa courageusement. « L'arrestation du premier officier de la couronne peut être fort préjudiciable, dit-il ; nul doute que les Anglais ne rompent sur-le-champ les pourparlers, et ne recommencent aussitôt la guerre, dès qu'ils apprendront que le roi est privé du chef de l'armée. » Qui le croirait? ces raisons touchèrent des rebelles. Après quelques heures de captivité, le connétable fut libre de continuer son chemin. On sait quel fut le sort de la Praguerie : Charles VII déploya une grande activité pour détruire cette ligue ; les peuples indignés fermèrent les villes aux seigneurs révoltés.

Dunois, après avoir terni sa gloire en se rangeant sous de telles bannières, eut au moins le mérite d'être le premier à les abandonner : il se rendit à Poitiers auprès du roi, embrassa ses genoux en lui demandant pardon de sa faute ; le roi l'accabla de reproches, et lui fit surtout un crime d'avoir voulu arrêter le connétable : le

Bâtard redoubla de supplications ; Charles VII lui pardonna ce moment d'oubli, et lui infligea pour punition d'aller dans l'Ile-de-France arrêter les progrès des Anglais, qui justifièrent fort bien la prévision du sire de Chabannes, car ils rompirent les pourparlers dès qu'ils virent l'embarras du roi, ne doutant plus qu'ils allaient, à la faveur de ces troubles, rétablir les affaires de Henri VI. Mais la fortune de la France ne leur en donna pas le temps ; le pardon généreux de Charles VII avait rempli l'ame de Dunois d'une nouvelle ardeur ; il arriva avec une diligence extrême à Paris, dont il trouva les habitans dans l'effroi ; il ramassa dans cette capitale quelques hommes d'armes, tira des détachemens de Meaux, de Saint-Denis, de Meulan et de Vincennes, et forma une division de 2,000 hommes. Il se mit en campagne, et fondit sur des détachemens, lesquels sachant le roi occupé dans le Poitou et l'Auvergne, pillaient sans crainte et parcouraient sans obstacle l'Ile-de-France ; il les tailla en pièces, s'empara de l'immense butin qu'ils traînaient avec eux, et les rejeta dans la Normandie : il dispersa ainsi en détail plus de 3,000 hommes. D'après ces résultats, Talbot s'imagina que le Bâtard avait à sa disposition de nombreuses forces ; et dans cette persuasion il abandonna le projet de

faire quelques tentatives sur Paris. L'attitude formidable que Dunois prit dans l'Ile-de-France
donna le temps au roi de réduire la Praguerie;
et ce Bâtard que les seigneurs rebelles avaient
regardé d'abord comme leur plus ferme appui,
fut celui qui contribua le plus à leur défaite.
On a déjà vu comment le roi dispersa, dans
l'espace de quelques mois, les seigneurs ligués,
et força son fils à venir implorer sa clémence. Il
rentra dans Paris où il passa l'hiver de 1441, et, de
l'avis de ses généraux, il tourna toutes ses forces
contre les Anglais, qui, voyant l'heureuse issue
de l'affaire du dauphin, avaient voulu reprendre
les pourparlers; mais ces démonstrations d'une
fausse modération n'en imposèrent point; on
reprit contre eux les hostilités avec une nouvelle
ardeur. Le comte de Richemont continua à diriger les opérations comme connétable; sa noble
conduite dans les dernières circonstances avait
augmenté son crédit; cependant le roi ne voulut
pas lui sacrifier Dunois, pour qui il montrait un
goût particulier. Afin d'éviter un nouvel éclat
entre ces rivaux, tous deux les plus fermes appuis
de sa cause, il les sépara; le connétable fut chargé
de chasser entièrement l'ennemi des places voisines de Paris; Creil et Pontoise étaient retombés
au pouvoir des Anglais. Dunois eut la mission

de faire une diversion en pénétrant en Normandie, province entièrement occupée par l'ennemi ; il y porta la terreur en passant rapidement d'un point à l'autre ; il semblait être partout en même temps. Le duc de Sommerset, gouverneur de la Normandie, essaya de le joindre avec des forces supérieures, et de l'enfermer dans le Cotentin, mais le Bâtard sut lui échapper, et prit Conches, quand on le croyait du côté de Saint-Lô. Il avait avec lui d'autres capitaines très-audacieux qu'il guidait habilement ; l'un d'eux, nommé Jean Desmarest, surprit Dieppe à la fin de 1441. La nouvelle de la perte de cette place effraya au dernier point le comte de Sommerset, qui ordonna à Talbot de ne rien épargner pour la reprendre.

Dieppe était une des places les plus importantes de la Normandie par la sûreté de son port et la proximité de Rouen. Les Anglais l'avaient fortifiée avec le plus grand soin, et la regardaient comme le point le plus commode pour communiquer avec l'Angleterre. Talbot accourut avec rapidité à la tête de 6,000 hommes ; il brusqua une attaque fort vive, espérant d'enlever le poste avant que les Français eussent le temps de se reconnaître. Mais les fortifications avaient été construites d'une manière si supérieure qu'il fallait peu de monde pour les défendre: d'ailleurs Talbot, manquant de poudre, ne pouvait se servir des canons qu'il avait réunis en grand nombre, car il les jugeait indispensables pour un siège de cette importance. Abandonnant l'espoir de forcer les murailles, le général anglais s'empara des ouvrages extérieurs, et principalement du Pollet, montagne dominant la ville du côté de l'est. Desmarest avait fortifié à la hâte ce point en y laissant un détachement qui ne put soutenir les attaques répétées de l'ennemi. Maître du Pollet, Talbot y plaça son artillerie; il mit les 6,000 hommes qu'il avait amenés, sous le commandement de son fils bâtard, du sire de Rippelay et de Guillaume de Poitou, en leur ordonnant de se borner à deux choses, bloquer la ville et empêcher l'introduction des vivres; ces dispositions prises, il s'embarqua pour l'Angleterre; il allait y prendre de la poudre et des renforts de troupes depuis long-temps promis par le parlement.

Desmarest avait su faire revivre des sentimens français dans l'ame des habitans, depuis vingt ans régis par les lois anglaises. Les Dieppois montrèrent une grande résolution; mais le blocus se prolongeait depuis six mois, les vivres n'entraient plus, les vaisseaux anglais fermaient le port, la famine se faisait sentir. Peu accoutumés à souffrir les privations, les habitans s'effrayaient sur leur position avec d'autant plus de raison que, depuis six mois, Charles VII avait été obligé de quitter Paris pour aller au fond de la Guienne mettre ordre aux affaires du comté de Comminges, et comprimer le comte d'Armagnac, qui s'efforçait de former une nouvelle Praguerie. Dunois avait été obligé de quitter la Normandie, afin de veiller à la sûreté de Paris. N'espérant donc pas être secourus, les Dieppois parlèrent de se rendre. Desmarest, qui sentait l'importance de la possession de cette ville, employa tour à tour son autorité et les supplications; enfin, les voyant inutiles, il eut recours à un stratagème fort simple, et qui eut un succès complet : il fit sortir pendant la nuit une vieille femme, en lui donnant l'ordre de se présenter aux barrières le lendemain matin, comme si elle s'était échappée du camp des Anglais. Cette femme remplit ses intentions merveilleusement; les gardes se saisirent d'elle, et la conduisirent sur la place publique; les bourgeois, formés en plusieurs groupes, la questionnèrent vivement sur les intentions des Anglais. « Les assiégeans, répondit-elle, indignés de ce que les habitans ont favorisé l'entrée des Français dans Dieppe, ont l'intention de mettre à mort tous les hommes, et d'emmener les femmes et les enfans en Angleterre comme esclaves. Ce projet est si bien arrêté qu'il sera mis à exécution quand même la ville se rendrait à discrétion et que les habitans iraient au Pollet la corde au cou. » Le discours de cette femme avait été dicté par Desmarest ; il fit passer la fureur dans l'ame des Dieppois. « Nous mettrons le feu à la ville, s'écrièrent-ils, et nous nous jetterons à la mer avec nos enfans, plutôt que de subir la loi des Anglais. » Cette exaltation dura assez de temps pour que l'on apprît l'approche d'une armée française accourant au secours de la place ; mais l'on apprit également l'arrivée prochaine de Talbot, amenant du renfort, et apportant de la poudre, au moyen de laquelle il pulvériserait les assiégés. L'une et l'autre de ces nouvelles étaient fondées ; mais les esprits étaient tellement animés, que l'on refusa d'ajouter foi à la dernière. Depuis six mois, Dunois pensait à venir au secours de la place ; mais le roi ayant emmené toute la noblesse et les compagnies en Guienne, il lui avait été impossible de réunir les forces nécessaires. Enfin les nobles arrivèrent avec le dauphin, nommé par le roi gouverneur du pays situé entre la Seine et la Somme. Dunois, que Charles VII laissait libre de prendre les mesures qu'il jugerait convenables pour sauver Dieppe, résolut de placer le dauphin lui-même à la tête de cette expédition, afin d'augmenter l'ardeur des troupes et des habitans. Les Anglais avaient perdu beaucoup de monde depuis huit mois que durait le siège, soit par les escarmouches, soit par les maladies et les fatigues; mais ils attendaient d'un jour à l'autre Talbot, dont l'arrivée était annoncée comme prochaine. Dunois résolut d'assaillir le Pollet avant la venue de ce général: l'attaque eut lieu le 14 août 1443, mais, après deux heures d'efforts inouïs, les assiégeans furent repoussés. Ce mauvais succès ne rebuta point le Bâtard; il lança de nouveau les soldats à l'assaut de la montagne, en les faisant commander par le dauphin en personne. Le jeune prince monta à l'escalade, donna l'exemple de l'audace, et atteignit les retranchemens le premier; Dunois entra également dans les palissades par les flancs: alors se livra sur le revers de la colline un combat furieux dont le résultat fut la défaite complète des Anglais: on en tua 500, et on en prit autant. Les principaux chefs, Guillaume de Poitou, Rippellay et le bâtard de Talbot, tombèrent criblés de coups au pouvoir des vainqueurs, qui s'emparèrent d'un matériel considérable. Après cette victoire, Dunois et le dauphin firent leur entrée publique dans la ville, et se rendirent directement à l'église de Saint-Jacques pour remercier Dieu. Le jeune prince fit présent à la chapelle d'une image de la Vierge en argent, de sa hauteur : ce n'était point une statue, mais un tableau en relief, tel qu'on les faisait alors. Dunois arma chevalier dans l'église les jeunes Flavi, d'Estouteville de Biencourt, de Saint-Pol, qui s'étaient distingués. Il fit raser la fortification du Pollet, afin que les Anglais ne pussent s'y loger une seconde fois ; il employa toute la population à réparer les remparts de la place, fit rentrer une quantité considérable de vivres, enfin prit les mesures les plus sages pour la mettre en état de résister si on venait l'attaquer de nouveau. Il laissa l'honneur de ce brillant succès au dauphin ; mais cette modestie accrut encore son crédit auprès du roi, qui, pour lui témoigner sa reconnaissance, lui donna le comté de Longueville, par lettre datée de Saumur, le 20 septembre 1443. Ce comté avait appartenu à Duguesclin.

En apprenant l'arrivée du dauphin, le duc de Sommerset, gouverneur général de la Normandie, avait ramassé le plus de monde possible pour voler au secours du Pollet ; il arriva à la tête de 5,000 hommes, six jours après la prise du camp. Voyant l'état des choses, il se retira précipitamment sur Rouen. Talbot arriva également la semaine suivante, avec moins de forces qu'on le croyait ; il jugea plus sage d'employer ces nouvelles troupes à renforcer les garnisons des autres places, qu'à tenter de chasser les Français de leur conquête.

# LIVRE IV.

Conquête de la Normandie. — Dunois forme le siège de Rouen, et se rend maître de cette place, dont il est nommé gouverneur. — Entrée de Charles VII dans Rouen.

———

La prise de Dieppe avait effrayé le conseil de Henri VI, qui s'empressa de reprendre les pourparlers. Les Anglais n'aspiraient point à une paix solide ; ils voulaient avoir le temps de réparer leurs pertes, et profiter du premier embarras dans lequel ils verraient Charles VII, ne doutant pas que l'occasion s'en présenterait bientôt : ils ne s'imaginaient point qu'ils marchaient eux-mêmes sur un volcan, et que la guerre civile leur préparait des malheurs plus longs que ceux dont les Français venaient de sortir. Une trève de deux ans fut signée à Tours, le 1er juin 1444 ; elle fut prolongée ensuite jusqu'en 1449. Dunois représenta le roi dans ces conférences ; son crédit s'était prodigieusement accru ; il marcha l'égal du connétable, quoique, dans l'opinion publique, il lui fût encore infé-

rieur. Ses formes, moins sévères que celles
d'Arthur, lui gagnaient l'affection de Charles
qui ne sut jamais lui rien refuser, car ce furent
ses vives et pressantes prières qui obtinrent la
grace du comte d'Armagnac, condamné à mort
pour cause de rébellion. Ce seigneur s'était
emparé de vive force du comté de Comminge,
que Marguerite sa tante venait de donner à
Charles VII : il fut fait prisonnier, et traduit
devant le parlement de Paris. Outre le crime
de rébellion et de fausse monnaie, on lui re-
prochait encore d'avoir continué, malgré la
défense du roi, à se dire *comte d'Armagnac par
la grace de Dieu*, d'avoir mis en taille ses terres
deux ou trois fois par an, d'avoir fait pendre un
huissier du parlement de Toulouse, nommé
Noël, qui venait exécuter contre lui ; de tenir
trente ou quarante ribauds dans le château de
Saint-Varin, lesquels pillaient et rançonnaient
les voyageurs ; d'avoir détroussé les gens de l'é-
vêque de Lodève, d'avoir violé fillettes et châ-
telaines, enfin d'avoir battu son confesseur
lorsqu'il ne voulait pas l'absoudre de ses péchés.
Dunois, dont l'enfance avait été soignée par
le connétable d'Armagnac, père du prévenu, se
fit un devoir de sauver le fils ; il y parvint au
moyen de la grande faveur dont il jouissait.

L'état d'agitation ou se trouvait alors la société ne permettait guère aux guerriers de goûter le repos; il parut urgent d'arracher du royaume les soldats que l'on avait levés à grands frais pour contenir les Anglais dans la Normandie, on les occupa en conduisant les uns en Suisse, les autres en Lorraine : le bâtard d'Orléans marcha avec ceux-ci, commandés par le roi en personne. A l'issue de cette expédition, qui dura peu de temps, on procéda au licenciement définitif des compagnies : ce licenciement changea la face de la France ; Arthur de Richemont eut la plus grande part à ce coup d'état, mais Dunois n'y fut pas étranger. A mesure que la sphère de son existence s'étendait, ses idées s'agrandissaient; il cessa d'accorder son patronage à ces capitaines dévastateurs. Il comprit que les victoires remportées sur les Anglais ne suffisaient point pour tirer la France de l'état précaire où elle se trouvait, si les vainqueurs ne protégeaient pas les habitans, s'ils ne faisaient pas respecter les propriétés, s'ils n'obéissaient point aux lois. Après le licenciement des compagnies, un autre soin, d'une nature bien différente, occupa le comte de Longueville. Dès que la trève avec les Anglais eut été signée, Charles VII, agissant en fils aîné de l'Église, voulut

mettre un terme aux discordes qui la déchirait;
il se laissait conduire en cela par un sentiment
de reconnaissance, car les Pères députés par le
concile de Bâle au congrès d'Arras, en 1436,
contribuèrent puissamment à réconcilier le duc
de Bourgogne avec Charles VII, réconciliation
qui contribua puissamment à la délivrance de la
France.

Gabriel Condolmero, Vénitien, avait été élu
pape, dans le mois de mars 1431; il prit le nom
d'Eugène V. Quoique né dans une classe obscure, il porta sur le trône de saint Pierre des
idées élevées, mais qui dégénérèrent bientôt
après en petitesses et en tracasseries. Les seize
années de son pontificat se passèrent en querelles; il avait conçu la pensée de réunir les
deux églises latine et grecque : ce projet était de
nature à illustrer son règne; son exécution aurait vraissemblablement retardé la chute de
l'empire des Paléologue; mais elle demandait
de la fermeté, et surtout une fixité de vues qui
manquaient totalement au pontife. Eugène IV
trouva une vive opposition dans les Pères réunis au concile de Bâle. Quelque habileté et un
peu de souplesse auraient triomphé de leur obstination; il voulut user de la force : ce moyen
était alors trop borné dans les mains du pape

pour qu'il pût réussir. Eugène échoua, et fut déposé le 22 juin 1439. Le concile élut à sa place Amédée VIII, duc de Savoie, petit fils du fameux *Comte Vert.* Amédée, homme singulier dans les habitudes de la vie privée, fut un des plus grands princes de son temps. Après avoir rendu ses peuples heureux par une administration paternelle et laborieuse ; on le vit abdiquer tout à coup en faveur de son jeune fils, et prendre, à l'âge de cinquante-un ans, l'habit de moine de l'ordre de Saint-Augustin : il se retira au prieuré de Ripaille, qu'il avait fondé. Il goûtait depuis six ans le plus délicieux repos, lorsque le concile de Bâle s'imagina de l'élire pape. Amédée hésita long-temps pour accepter, enfin il ne put résister à l'attrait du pouvoir. Il s'arracha de sa molle retraite, et se rendit à Bâle, où il prit le nom de Félix V. Eugène IV protesta contre cette élection ; Charles VII refusa de reconnaître le nouveau pape ; et ce qu'il y a de singulier, c'est que l'Université de Paris le reconnut malgré la déclaration négative du monarque. Le commencement de ce nouveau schisme alarma tous les princes. Charles VII montra un grand empressement à le faire cesser ; en conséquence il résolut d'envoyer une pompeuse ambassade vers Félix, qui avait établi son siège dans

Genève ; le roi plaça à la tête de cette ambassade le comte de Longueville, dont l'éloquence persuasive égalait la bravoure : ses connaissances en théologie étaient profondes ; on le jugeait capable de soutenir une thèse contre les plus savans docteurs. Il est à remarquer que les guerriers de cette époque se montraient propres à tout. Naguère encore on avait vu Jean de Bruc, sire de La Bouteveillaye, l'un des guerriers les plus impétueux de son temps, se rendre à Rome pour relever le duc son maître du vœu qu'il avait fait d'aller à Jérusalem. Jean de Bruc fut encore chargé d'arranger des différends élevés entre le clergé de Bretagne et le saint siège. Il s'acquitta de cette double mission l'épée au côté, et avec autant d'habileté que l'aurait fait un docteur en théologie (1). Telles étaient les mœurs du temps.

Dunois se rendit à Genève en 1446, ne trouva point Amédée VIII disposé à céder ses droits, quoiqu'il se fût montré naguère dégoûté des

(1) Le dixième descendant de ce Jean de Bruc fut François de Bruc de Montplaisir, l'un des meilleurs officiers généraux du dix-huitième siècle. Lors de la création de l'ordre de Saint-Louis, il reçut la grande croix des mains de Louis XIV. Sa famille s'est perpétuée jusqu'à nos jours, et la principale branche est représentée par M. le marquis de Malestroit de Bruc et le comte Frédéric de Bruc.

grandeurs. Le Bâtard n'eut pas le temps d'attendre l'effet de ses pressantes sollicitations, Charles VII le rappela bientôt pour l'employer dans une négociation d'un intérêt plus direct : le conseil de Henri VI refusait de remplir les conditions de la trève. Charles VII, ne voulant point user de la force dans cette circonstance, eut recours aux voies conciliatrices; il jugea que Dunois était seul propre à bien conduire cette négociation. Le Bâtard reçut en Angleterre des honneurs excessifs; on lui fit quelques légères concessions, mais il ne put obtenir la reddition de la ville du Mans, que les Anglais s'étaient engagés à remettre à Charles d'Anjou, comte du Maine, lorsque Henri VI épousa Marguerite, nièce de ce seigneur.

Le comte de Longueville quitta l'Angleterre, aborda à Dieppe et y trouva un chevalier de l'hôtel du roi, qui lui remit l'ordre, signé de Charles VII, de prendre le commandement de 8,000 hommes, réunis dans l'Anjou et dans le Maine; on lui donna pour lieutenans trois maréchaux : les sires de La Hire et de Jalonges, et l'amiral Coëtivi; Jean Bureau, grand-maître de l'artillerie, y conduisit un nombreux matériel. Dès que l'évêque d'Exester, gouverneur du Mans, vit que Dunois reconnaissait les approches de la place, et mesurait le terrain pour y établir les lignes de circonvallation, il commanda une furieuse sortie pour l'écarter; mais elle n'eut aucun succès : le général français repoussa vigoureusement les Anglais, et les poursuivit jusqu'aux fossés. Il fit mettre aussitôt les pièces en batterie, et enfonça les portes à coups de canon : c'était le préliminaire d'un assaut général. Les cris d'effroi des habitans intimidèrent la garnison, qui demanda à capituler, sous condition d'emporter biens et bagages, et de pouvoir se retirer librement en Normandie : on lui accorda ce qu'elle demandait. La ville fut évacuée par les étrangers, qui l'avaient occupée dix-sept ans; le Bâtard y fit son entrée solennelle ( février 1447), et alla planter lui-même sur la tour principale le drapeau de France. La prise du Mans parut avoir refroidi les Anglais dans leurs projets hostiles. Dunois partit pour la seconde fois, afin d'aller terminer la négociation entamée avec Amédée VIII au sujet de la papauté. Eugène venait de mourir, et la majorité des cardinaux avait élu en sa place Nicolas V; Amédée avait protesté à son tour contre cette élection, ce qui perpétuait le schisme : tous les princes chrétiens envoyèrent des ambassades à Lyon, en convenant avec Charles VII que ces députés se réuniraient dans cette ville à ceux de France; qu'ils se rendraient ensemble à Genève, et que l'on s'entendrait pour qu'il n'y eût point de dissidence.

Le Bâtard trouva à Lyon les ambassadeurs d'Espagne, de Flandre, de Saxe, de Bavière, d'Angleterre; il se rendit avec eux à Genève, où il besogna si bien, dit la chronique, que le pape Félix V se rendit à son admonition, et abdiqua le 19 avril 1449. Il voulut conserver le titre de cardinal de Sainte-Sabine, et alla retrouver sa délicieuse retraite de Ripaille. Aucun prince de la chrétienté ne disputa à Charles VII la gloire d'avoir terminé le schisme. Dunois, à l'habileté de qui on devait ces heureux résultats, revint aussitôt en France, où il trouva la scène bien changée de face.

Les Anglais avaient rompu la trève par la prise de Fougères; les hostilités recommencèrent. La campagne fut préparée avec un soin sans exemple; l'armée, formée d'après un système nouveau, se présentait sur un pied respectable; elle voyait à sa tête Arthur de Richemont, Dunois, et une foule de généraux expérimentés. Jean Bureau, grand-maître de l'artillerie, rassemblait un matériel formidable; ses nombreux essais sur le tir du canon, ses expériences dans la fonte des pièces et des projectiles, avaient donné à cette arme une supériorité marquée. Jacques Cœur, l'un des hommes qui firent le plus pour relever le trône de Charles VII, suivait l'armée avec des sommes considérables, produit de son propre commerce et de la taille extraordinaire établie depuis peu. Cet argent était destiné à tenir au courant la solde des troupes ; car si la paye eût manqué un seul jour, l'opération du licenciement fût devenue impossible, les désordres auraient recommencé, et l'on serait infailliblement retombé dans l'anarchie militaire.

Dunois arriva de Genève à Paris au commencement d'août 1449; il trouva la cour et la noblesse dans le plus grand mouvement par suite des préparatifs. Il fut décidé que l'on formerait deux armées, dont l'une agirait contre la basse Normandie, et l'autre contre la haute. Le roi devait marcher avec le corps de réserve entre ces deux divisions, pour appuyer celle qui aurait besoin de renfort. Le commandement du premier corps fut confié au comte de Richemont ; celui du second à Dunois, qui reçut le titre de *lieutenant-général du roi en ses guerres*, titre nouveau qui le plaçait immédiatement après le connétable, et presque son égal. A cette occasion, l'historien Mathieu de Couci dit: « Lequel estoit en ce temps-là fort renommé d'être sage, prudent et de bonne conduite, et aussi fort aimé de tous les gens de guerre, autant et plus qu'aucun autre seigneur ou capitaine du roi de France. » Dunois avait alors près de cinquante ans. Les historiens le représentent comme un fort bel homme, ayant une tête superbe, car il ressemblait à Louis d'Orléans son père ; mais il avait les jambes très-longues ; ce qui lui fit donner de très-bonne heure le surnom du *bâtard aux grandes jambes.*

Nous avons vu dans la Vie d'Arthur de Richemont comment ce général fit la conquête de la basse Normandie. Nous allons parler de la campagne qui se fit dans la haute, sous les ordres de Dunois. Dans ce moment la Picardie, qui depuis vingt-cinq ans agissait dans les intérêts de l'Angleterre, abandonna cette alliance étrangère pour se réunir à la mère-patrie ; 1,200 nobles de ce pays vinrent offrir leurs services à Charles VII. On les classa dans les cadres des compagnies nouvellement formées ; ils s'engagèrent à servir sans solde, et à se conformer aux réglemens militaires institués depuis six ans. Parmi ces bannerets picards on distinguait principalement le comte de Saint-Pol, Robert de Béthune, de Mareuil, Darly de Genlis, de Saveuses, de Quiercet, Ferry de Mailly, de Poix, de Roye, Happlincourt, René-le-Bossu, Henri de Hem, Antoine de Croy, Jacques de Rambures, Girard de Biencourt : ce dernier, chef d'une des plus illustres maisons de la Picardie (1), descendait des anciens souverains du Ponthieu. Un de ses ancêtres se distingua à la bataille de Bouvines, où il combattit sous les enseignes de Thomas de Saint-Valeri, son parent.

Le 30 août 1449, les trois corps d'armée se mirent en mouvement ; celui d'Arthur, concentré dans le Maine sur les frontières de la Bretagne, s'avança par Mortain, en s'étendant sur sa droite dans le comté d'Alençon ; celui de Dunois, fort de 15,000 hommes, s'était rassemblé dans la Beauce ; il s'avança en se déployant sur ses flancs, la droite à la Seine, et la gauche au comté d'Alençon, où elle se lia bientôt avec le corps d'armée d'Arthur. Le roi venant de Vendôme suivi de 8,000 nobles, presque tous volontaires, traversa le Perche, prêt à s'unir à celui des deux corps qui réclamerait son appui. Dunois jeta

(1) Cette famille existe encore ; une de ses branches s'est transplantée dans la province de la Marche.

sur sa droite le comte d'Eu et le sire de Brézé, sur sa gauche le comte de Saint-Pol et Florent d'Illiers, en leur ordonnant d'investir Verneuil, Neufchâtel, Harcourt; lui-même s'avança sur Évreux avec un camp volant pour protéger les opérations de ces trois sièges, et en même temps pour observer Talbot qui, à la tête de 3,000 hommes bien dé-terminés, voltigeait dans la Normandie, de posi-tion en position, avec l'intention d'attaquer par-tiellement les divisions françaises employées au blocus. Le comte de Longueville se trouvait de-puis quelques jours dans le voisinage d'Évreux, lorsqu'il apprit que le sire de Brézé avait été introduit dans Verneuil par un charpentier. Cet homme, maltraité par les Anglais, ne respirait que la vengeance; pour la satisfaire, il indiqua aux assiégeans un passage secret, pratiqué au pied des murailles. Quoique introduits dans l'intérieur de la ville, les Français trouvèrent encore une vive résistance; la garnison se dé-fendit vigoureusement au milieu des rues, et se retira en bon ordre dans le château appelé la Tour grise. Brézé essaya inutilement de les y forcer; il comprenait combien il était important de ne pas échouer dans le début de la cam-pagne. Dunois accourut à la tête de 4,000 hom-mes pour seconder le sire de Brézé; mais à peine

entrait-il dans les quartiers des assiégeans, que
la nouvelle de l'approche de Talbot se répandit,
et releva le courage des assiégés; le général anglais avait le projet, ou de jeter du monde dans
la Tour grise, ou de s'y renfermer lui-même.
Dunois laissa dans Verneuil 800 hommes, et,
suivi de ses deux divisions, il courut au-devant
de Talbot, avec la ferme résolution de le combattre dans quelque lieu qu'il le rencontrât,
jugeant bien que la défaite de ce général déci-
derait du sort de la campagne. Il l'atteignit devant Harcourt. Talbot, se voyant trop faible pour
engager l'action, prit une excellente position,
s'y fortifia au moyen de ses chariots, de ses
bagages, et forma une ligne de piquets, attendant qu'on vînt l'attaquer. Il se trouvait dans la
même situation que Fastoff à Rouvrai, et l'issue
du combat aurait peut-être été semblable sans
la prudence du comte de Longueville, qui arrêta
l'impatience de ses officiers, et les empêcha de
se jeter dans les retranchemens ennemis. Déjà
l'autorité du chef était plus affermie, et l'on
ne méconnaissait point ses ordres comme par le
passé. Le comte de Longueville sut contenir
chacun dans son poste; il s'établit en face de la
ligne des Anglais, déterminé à ne les attaquer
que lorsqu'ils abandonneraient leur position.

Talbot fit dans la nuit un mouvement rétrograde, laissa ses feux allumés, et quelques troupes légères dans ses lignes pour mieux cacher son mouvement; il se jeta dans les bois, gagna le château d'Harcourt, et s'y renferma. Dunois, désespérant de le forcer dans cette position redoutable, leva le camp, et se dirigea vers Pont-Audemer, dont il forma le siège en règle. Le sire de Montfort, trésorier de Normandie, repoussa vaillamment les premières attaques; mais Dunois trouva moyen de mettre le feu dans l'intérieur de la place, et, profitant du désordre occasioné par un semblable événement, lança ses soldats à l'escalade; la ville fut prise après deux heures de résistance; les sires de Rambures, de Roye, de Croï, de Crèvecœur, qui s'y étaient distingués, furent faits chevaliers par le comte de Longueville. Ce général se porta ensuite rapidement devant La Roche-Guyon : le gouverneur capitula pour conserver les grands biens que sa femme, dame normande, possédait dans cette ville. Argentan fut attaqué après La Roche-Guyon; on somma les Anglais de se rendre, en leur offrant des conditions très-honorables. Les chefs se réunirent en conseil pour examiner la proposition; mais pendant qu'ils délibéraient, les habitans appelèrent les soldats français, leur coulèrent des échelles, et les introduisirent ainsi dans l'intérieur. Les Anglais indignés se retirèrent en bon ordre dans le château, en menaçant de brûler la ville, mais eux-mêmes se trouvèrent bientôt dans une situation critique. Bureau, maître d'artillerie, dirigea une bombarde contre le château, et fit dans le mur un trou assez large pour laisser passer 4 hommes de front. Les Anglais essayèrent en vain de défendre cette ouverture; ils furent obligés de capituler le 1er septembre 1449, et sortirent le bâton blanc à la main, selon l'usage d'alors. Dunois apprit devant Pont-Audemer la prise de Neufchâtel par le comte de Saint-Pol. Sur le reste de la ligne, ses autres lieutenans venaient également de remporter des avantages. Le sire de Gaucourt avait enlevé, après une vigoureuse résistance, Pont-l'Évêque, dont les habitans jurèrent « d'être bons Français à l'avenir. » Le comte de Saint-Pol poursuivant ses succès, se rendit maître, à quelques lieues de Pont-de-l'Arche, d'un château appelé Longempré, dont le roi d'Angleterre avait fait présent à Talbot. Ce général s'était plu à embellir cette demeure; le comte de Saint-Pol la livra aux flammes. L'Anglais se montra fort affecté de cette perte, en adressa de vifs reproches au comte, en lui faisant dire qu'il ne laisserait pas échapper l'occasion de se venger : mais il n'était guère en mesure d'exécuter ces menaces ; il apprenait chaque jour quelque nouveau revers. Dunois soumit Lizieux, ville considérable; il en fut redevable au zèle de l'évêque, qui depuis long-temps préparait les habitans à un changement de domination. Le général français fit son entrée solennelle dans la ville; un héraut d'armes portait devant lui la bannière de France. L'historien Mathieu de Couci remarque que les seigneurs et les soldats se logèrent par ordre dans les divers endroits de la cité, et qu'il n'y eut aucun excès, chose fort étonnante pour cette époque. On devait un changement aussi notable aux réglemens militaires mis en vigueur depuis 1446. Pendant que Lizieux recevait dans ses murs le comte de Longueville, Gournay et Vernon ouvraient leurs portes au sire de Brézé. On sait que dans la basse Normandie, le connétable soumettait tout à ses armes. À la nouvelle de tant de succès, le roi partit de Vendôme, traversa la Beauce, s'avança vers Pont - de - l'Arche, afin d'effectuer sa jonction avec Dunois et ses lieutenans. Ce mouvement général demanda huit jours ; Charles VII vint en personne devant Château-Gaillard que le Bâtard avait investi la veille. Cette ville était célèbre par le siège qu'elle soutint dans le douzième siècle, contre une armée de 50,000 hommes, commandée par Philippe-Auguste en personne. Les Anglais, après la bataille d'Azincourt, s'en étant emparés, avaient augmenté les fortifications de manière à rendre la ville inexpugnable : Sommerset ne doutait pas qu'elle pût braver les efforts des Français. Charles VII n'était pas de caractère à se consumer devant une ville assiégée ; il ne resta que quatre jours dans les lignes ; il laissa le soin du siège au sire de Brézé, et partit avec Dunois, le maréchal de Jalonges et deux divisions, pour attaquer Gisors, dont la conquête paraissait plus facile ; il resta encore peu de temps devant cette ville, et se retira à Pont-de-l'Arche pour attendre l'issue des opérations du comte de Longueville ; ce général employait tour à tour la voie des armes et la voie des négociations pour soumettre les places. Il garantit à Richard Malbery, gouverneur de Gisors, la possession des terres considérables que le roi Henri VI lui avait données en Normandie ; il lui promit de plus de remettre en ses mains ses deux fils, faits prisonniers dans Pont-Audemer. Malbery ne résista point à des offres aussi brillantes ; il capitula et resta dans la place il aurait certainement payé de sa tête une pareille conduite s'il était revenu en Angleterre. La soumission de Gisors, ville considérable, compléta les succès de la campagne ; la presque totalité des places fortes de la basse Normandie avait subi dans l'espace de quelques mois la loi du vainqueur.

Au moment de commencer la campagne, il fut proposé, dans le conseil du roi, de débuter par le siège de Rouen. Dunois fit repousser cet avis, en disant que Talbot et Sommerset réuniraient toutes leurs forces pour défendre la capitale de la Normandie, et qu'il valait mieux affaiblir ces généraux par des combats partiels, pour que Rouen se trouvât ensuite sans défenseurs. Cet avis fut adopté, et les opérations furent conduites dans ces vues. Après la prise de Château-Gaillard, qui venait d'ouvrir ses portes au sire de Brézé, on songea à la réduction de Rouen. Ainsi, la conquête de cette opulente cité devint l'unique but des opérations. Dunois fit exécuter un mouvement général de concentration entre Louviers et Pont-de-l'Arche. Charles VII avait établi son quartier général dans cette dernière ville.

Le temps devenait froid et pluvieux ; il importait de se hâter avant l'arrivée de l'hiver. Le comte de Longueville franchit la Seine avec une avant-garde de 3,000 hommes, et se rapprocha de Rouen, pour s'assurer si les Anglais avaient élevé des travaux aux approches de la ville ; il se fit amener quelques bourgeois de la banlieue, et les questionna sur la disposition morale des habitans de Rouen. Aucune ville n'avait donné à l'Angleterre plus de gages d'attachement. Les ministres de Henri VI ne cessaient de rappeler au souvenir des Normands ce Guillaume-le-Conquérant, leur ancien duc, qui avait réuni sous le même sceptre la Neustrie et la Grande-Bretagne, réunion qui avait opéré la fusion des deux peuples. « D'ailleurs, disaient-ils, Henri VI descend de ce même Guillaume, et doit être à vos yeux bien plus légitime que ces Capétiens vos conquérans. » Ces discours, semés adroitement, ébranlaient les consciences. Les Normands se montraient indifférens aux malheurs des Valois, et se rapprochaient des Anglais. Ceux-ci, perdant la folle espérance de ranger la France sous leur domination, se croyaient trop heureux si, pour prix de quarante ans de guerres et de sacrifices, ils réunissaient irrévocablement la Normandie à la couronne des Lancastre. Ils n'épargnèrent rien pour gagner l'affection des habitans; les cités obtinrent de grands privilèges : cependant elles opposèrent peu de résistance aux armes de Charles VII. Rouen renfermait plus que toute autre des partisans de l'Angleterre; le parti modéré, vaincu partout, y avait cherché un dernier asile. Cependant ses efforts étaient balancés par une partie de la population. Les intentions bienveillantes du roi avaient touché bien des cœurs. D'ailleurs, le spectacle du supplice de la Pucelle fit sur l'ame des Rouennais un effet opposé à celui que Bedfort en attendait : les revers successifs essuyés par les Anglais furent regardés comme la punition du meurtre de cette jeune fille. Enfin, les rapides progrès que Richemont et Dunois faisaient dans la province refroidirent le zèle des amis de Lancastre. Le comte de Sommerset, allié à la maison royale, gouverneur général de la Normandie, indisposait par sa hauteur les plus dévoués. Sans talens, sans prévoyance, il croyait que son nom seul contiendrait les Normands dans le devoir ; il avait conçu un mépris ridicule pour les généraux français, avec lesquels néanmoins il évita de se mesurer; ils étaient à ses portes, qu'il agissait comme s'ils fussent encore au-delà de la Loire. Enfin, l'arrivée de Talbot le tira de son apathie; ce général venait de déployer de grands talens dans cette campagne malheureuse : dépourvu de moyens, ne pouvant obtenir les renforts qu'il ne cessait de demander, il avait opposé cependant la seule résistance qu'on pouvait attendre de lui. Sorti du château d'Harcourt, il harcela Dunois et ses lieutenans; et retarda souvent la chute de plusieurs places par ses attaques vives et inattendues; poussé peu à peu vers la Seine, il rassembla les soldats des garnisons que les capitulations laissaient libres de sortir; il rappela les détachemens disséminés dans le plat pays, franchit le fleuve au-dessus de Louviers avec 1,500 combattans, et rentra dans Rouen. La retraite d'un général aussi audacieux, aussi confiant en sa fortune, attestait suffisamment l'état désespéré des affaires. Sommerset confia à Talbot la défense de Rouen. Celui-ci déploya dans l'intérieur de cette ville la même activité qu'il montrait en rase campagne; il fit travailler sans relâche aux fortifications, mura plusieurs portes, et distribua entre les points les plus importans les 2,000 combattans anglais qui restaient; il occupa de sa personne, avec 300 hommes, le palais, aujourd'hui le vieux palais, situé à l'une des extrémités de la ville, commandant la Seine d'un côté, et la campagne de l'autre.

Henri V, maître de Rouen, fit construire cette citadelle, sous prétexte de bâtir une demeure digne de lui; il choisit à cet effet un en-

clos dans les ruines des anciennes fortifications,
formant l'angle ouest, à 600 pas du pont : il appartenait à un bourgeois, nommé Baille-Hache.
Henri l'acheta, fit travailler aussitôt au palais,
que l'on flanqua d'une tour tellement forte que
le vulgaire la nomma *mal s'y frotte*. Ce monument, commencé en 1419, fut terminé en 1423.
Talbot plaça 300 hommes dans la tour du pont;
Sommerset occupait, avec 400 Anglais, le château situé près des remparts. Philippe-Auguste,
ayant détruit les fortifications de Rouen, fit élever ce château en 1205. Ce boulevard fort vaste
défendait la partie nord-ouest de la ville ; l'un
des angles se terminait par un donjon très-
élevé : il servit de prison à l'infortunée Jeanne
d'Arc, lors de son procès (1). Un petit détache-

(1) Un capitaine français nommé Ricarville tenta, de
concert avec le maréchal de Boussac, d'enlever cette héroïne qui venait d'être condamnée à mort; il surprit le
château dans une nuit du mois de mars 1431, tua tous les
Anglais. Arundel, gouverneur de Rouen, qui habitait ce
château, s'échappa avec beaucoup de peine, presque nu.
Mais Ricarville ne trouva point la Pucelle; depuis quelques jours on l'avait changée de prison. Ricarville, n'ayant
point été soutenu par le maréchal de Boussac, fut investi à
son tour dans la citadelle, résista aux Anglais pendant
quinze jours; enfin il fut pris, et pendu aux créneaux,
ainsi que les siens.

ment de 120 hommes fut placé dans le couvent Sainte-Catherine. Ce monastère, bâti sur un plateau, vis-à-vis la porte Martinville, couvrait la route de Paris. D'autres petits détachemens garnissaient les approches de la porte Beauvoisine; et le surplus des troupes anglaises fut employé à la garde des remparts avec les bourgeois. Pendant que Talbot prenait ces dispositions militaires, le comte de Sommerset agissait vis-à-vis les magistrats et les notables selon que l'urgence des circonstances commandait. Son intérêt lui faisait une loi de n'avoir recours qu'à la douceur, pour retenir les habitans dans le devoir, car il manquait des forces nécessaires pour dominer une population de 50,000 habitans, dont la moitié se montrait favorable aux Valois. L'archevêque surtout déployait pour eux le plus grand zèle; il leur avait gagné la compagnie des arbalétriers, milice instituée par Philippe-Auguste pour la garde de la ville: elle ne se composa d'abord que de 50 hommes à cheval, mais elle s'agrégea plus tard un grand nombre de jeunes bourgeois des meilleures maisons. Chaque famille un peu considérable avait un des siens dans ces arbalétriers honoraires, ce qui donnait à la compagnie une grande prépondérance. Philippe-Auguste lui avait accordé quelques privilèges ; les successeurs de ce prince les conservèrent. Charles V les exempta des tailles, gabelles ; ils obtinrent la permission de vendre le vin de leur cru sans payer de droit. Ce décret, dont on a conservé la minute en latin, prouve que la Normandie avait alors des vignes. Les arbalétriers eurent encore la faculté de prendre dans les greniers publics le sel nécessaire à leur consommation. La compagnie prélevait chaque année sur les aides 3,000 livres, ce qui faisait pour chacun une solde très-forte. On assigna un logement commun et un enclos très - vaste, du côté de la porte Beauvoisine, pour leurs exercices militaires : ce lieu a toujours conservé le nom de Jardin des Arbalétriers ; on leur en donna plus tard un second du côté du vieux palais. Charles VI confirma tous les privilèges accordés par son père. Henri V d'Angleterre goûta fort cette institution, et s'appliqua à gagner l'affection des arbalétriers ; il doubla leur nombre, leur accorda des distinctions, en conduisit une partie à la guerre, et s'en fit une espèce de garde : on les vit avec lui au siège de Meulan et de Pontoise. Malgré ces faveurs, ils n'oublièrent pas cependant les rois de France, auxquels ils devaient leur création, et l'archevêque entretint ces bonnes dispositions. Sommerset et Talbot faisaient des efforts inouïs pour cacher aux habitans le véritable état des choses, mais ils ne purent dérober au public la connaissance du mouvement que Dunois avait fait dans le voisinage de Rouen. La nouvelle de l'approche du général français tint la ville en fermentation ; l'orage commençait à gronder ; Talbot parcourait tous les quartiers, pour encourager les partisans de l'Angleterre. Il déployait à soixante-dix-sept ans une activité surprenante. La vue de ce héros, le souvenir de ses exploits, en imposaient encore à la multitude.

Afin d'augmenter les embarras de Sommerset, le comte de Longueville députa 4 hérauts vers les magistrats civils de Rouen pour les sommer de rendre la ville ; il espérait en agissant ainsi faire naître une scission entre les bourgeois et les Anglais ; mais les hérauts ne purent franchir les barrières, et on menaça de les jeter dans les fossés s'ils se représentaient. Dunois instruisit le roi de cette circonstance : Charles VII rassembla sur-le-champ son conseil, qui décida que le Bâtard se porterait devant Rouen avec 15,000 hommes et resserrerait la place autant que la nature des lieux le permettrait. On espérait que la vue des Français déterminerait les habitans à faire un mouvement en leur faveur ; on n'avait que ce moyen de se rendre maître de cette capitale, car l'armée du roi ne pouvait y parvenir si les bourgeois refusaient de la seconder. Dunois parut devant Rouen, le 12 octobre 1449; ses 15,000 hommes marchaient sur trois colonnes; ils se déployèrent en une seule ligne qui embrassait les remparts, depuis la porte Beauvoisine jusqu'au-delà de la porte Martinville; il se mit ainsi en bataille comme pour offrir le combat aux Anglais; mais ceux-ci ne firent pas sortir un seul détachement. Talbot redoubla de vigilance dans ce moment critique, distribua son monde aux portes, sur les places publiques et sur les remparts; ces précautions en imposèrent aux habitans: ils avaient tous l'envie de se prononcer, mais aucun d'eux n'osait donner le signal.

Le comte de Longueville resta plusieurs jours dans la même position; voyant que le mouvement qu'il attendait n'avait pas lieu, il fut obligé de se retirer, car il manquait de vivres et de tentes nécessaires pour garantir ses soldats de la pluie et de la grêle qui tombait sans discontinuer: ce mauvais temps favorisait singulièrement les Anglais, car il empêchait les Rouennais de se réunir. Néanmoins Dunois trouva moyen de nouer une correspondance avec plusieurs notables, principalement avec Blanchard, dont le père, capitaine de la milice bourgeoise, avait eu la tête tranchée par les ordres de Henri V, qui ne lui pardonna pas d'avoir défendu vaillamment les armes à la main la cause des Valois, lors du siège de Rouen. Sa haine pour les Anglais était bien légitime. Ces bourgeois promirent de seconder les Français, mais ils déclarèrent que le moment n'était pas favorable. Dunois n'insista plus; il battit lentement en retraite jusqu'à Pont-de-l'Arche, en échelonnant sur la route des détachemens destinés à l'instruire des mouvemens qui pourraient avoir lieu dans Rouen.

Cependant l'apparition de cette armée française avait augmenté l'exaltation des partisans de Charles VII. Talbot, s'étant aperçu de l'hésitation des bourgeois qui gardaient les remparts, les en chassa fort durement, en les faisant remplacer par des soldats tirés du palais et du château; mais il n'osa pas expulser les arbalétriers de leur enclos, dont le mur, flanqué de deux tourelles, tenait dans la ligne du rempart un espace de cinquante toises. Ce poste, voisin de la barrière Beauvoisine, était sous la garde des arbalétriers depuis leur institution; il craignit de les mécontenter. L'événement prouva que, dans les positions désespérées, il ne faut garder aucun ménagement. L'archevêque et les notables travaillèrent si bien l'esprit des arbalétriers, qu'ils les gagnèrent entièrement. Il fut décidé que l'on introduirait les troupes royales en leur livrant le jardin ci-dessus désigné ; en conséquence, deux jours après la retraite de Dunois, on députa secrètement au roi un message pour le supplier d'envoyer une seconde fois le comte de Longueville avec son corps d'armée, auquel on promettait de livrer le poste des arbalétriers. D'après cette invitation , le roi en personne passa la Seine avec toutes ses troupes, et vint prendre position à Saint-Ouen. A peine fut-il établi dans cette abbaye, qu'il vit arriver six notables qui venaient lui présenter leurs hommages de la part de leurs compatriotes, dont ils annonçaient la soumission comme très-prochaine; ils assuraient qu'un mouvement insurrectionnel organisé depuis long-temps devait éclater ce jour même. Ils disaient vrai; mais, tandis qu'ils donnaient cette assurance à Charles VII, Sommerset, instruit du complot, prenait les dispositions les plus énergiques pour le déjouer. Les Français du parti modéré lui furent d'un grand secours dans cette crise; voici comment. Aussitôt après l'arrivée des notables à Saint-Ouen, Dunois leva ses quartiers, se mit en marche, et alla se présenter une seconde fois devant Rouen, en étendant sa ligne jusqu'à la porte Beauvoisine; lorsqu'il fut à la hauteur du jardin des arbalétriers, il détacha 200 écuyers, qui avaient laissé leurs chevaux pour faire ce coup de main; ils se portèrent précipitamment vers les murailles, franchirent les fossés, saisirent les échelles qu'on leur tendit, et montèrent en toute hâte : 40 avaient déjà pénétré dans l'enclos, et un pareil nombre avait atteint les remparts, lorsqu'un grand tumulte se fit entendre à l'extérieur; les portes du jardin se brisèrent avec fracas du côté de la ville, en même temps l'on vit paraître Talbot, qui, instruit par les Français modérés de ce qui se passait, accourait à la tête de 300 soldats, l'élite de ses gens; il fondit sur les Français mêlés avec les arbalétriers, et les sabra tous. En vain demandaient-ils quartier en jetant leurs armes, on ne les écouta pas; Talbot passa au fil de l'épée tout ce qu'il trouva dans l'enclos : il monta lui-même sur les remparts, en précipita ceux qu'il y rencontra, et brisa les échelles; sa bannière, d'un rouge foncé, qu'il faisait toujours porter devant lui, flottait en dehors des créneaux; elle apprit à Dunois que le projet de surprise avait échoué complètement. A la nouvelle de cet échec, Charles, que la plus légère contradiction rebutait, reprit sur - le-champ le chemin de Pont-de-l'Arche; Dunois reçut l'ordre de suivre son mouvement. Si le roi n'avait pris la fâcheuse détermination de se retirer aussi subitement, il aurait avancé d'une semaine la reddition de Rouen. La victoire de Talbot, loin de servir les intérêts des Anglais, ne servit au contraire qu'à hâter leur ruine; la mort des arbalétriers qu'il avait fait passer au fil de l'épée si cruellement indigna les Rouennais. L'explosion aurait eu lieu le jour même si le départ du roi n'eût diminué la confiance des habitans; cependant ils s'étaient compromis par une joie anticipée, l'effervescence allait toujours en augmentant; enfin les attroupemens commencèrent le sixième jour dans les places, dans les carrefours, et l'insurrection éclata devant la porte Beauvoisine. Talbot vola à la défense des remparts; le comte de Sommerset, espérant calmer les esprits, parcourut à cheval tous les quartiers dont il savait qu'on voulait s'emparer; il fut entouré par une foule immense qui l'accabla d'invectives, en lui reprochant le massacre des arbalétriers. Le fier Sommerset voulut d'abord répondre par des menaces de châtiment; mais il changea bientôt de langage en songeant que les

4o gens d'armes qui l'escortaient ne pouvaient le défendre contre la multitude courroucée ; il chercha à calmer les esprits par de plus douces paroles, et se hâta de gagner le château, d'où les Anglais sortirent pour favoriser sa retraite. Un nouvel incident servait d'un autre côté Charles VII : les notables qui étaient venus le complimenter à Saint-Ouen parvinrent à rentrer dans la ville à la faveur du tumulte ; ils publièrent dans les divers quartiers que le roi, ne voulant pas signaler sa venue dans Rouen par la vengeance, accordait un plein pardon à ceux qui s'étaient montrés ses ennemis, et laissait à tous la faculté de se retirer dans le lieu qu'ils choisiraient, sans crainte d'être tracassés pour leur conduite passée. Ceci toucha beaucoup les Français modérés, qui rompirent sur-le-champ avec les Anglais, jetèrent les armes, et allèrent se renfermer dans leurs maisons. Talbot, convaincu par ce dernier événement de l'impossibilité d'empêcher les habitans de communiquer avec le roi, dont l'armée s'était de nouveau approchée de Rouen, rappela les petits postes disséminés sur les remparts, le détachement qui tenait le pont, partagea tout son monde en deux divisions, en laissa une dans le château sous les ordres du sire de Roos, et alla s'enfermer avec l'autre dans le palais que le comte de Sommerset occupait encore ; l'un et l'autre attendant dans cette situation les événemens, qui ne tardèrent pas à se décider contre eux. Des cris de joie signalèrent la retraite des Anglais ; les habitans, maîtres des portes et des remparts, furent libres de manifester leurs sentimens. On mit en mouvement la grosse cloche, appelée l'horloge de beffroi : Sommerset en avait fait dorer les cadrans à ses frais l'année précédente. Les magistrats et les notables se réunirent à l'hôtel-de-ville ; ils formèrent une députation pour aller présenter leur soumission au roi : l'archevêque Raoul Roussel fut choisi pour être le chef de cette députation, qui arriva à Pont-de-l'Arche le 17 octobre. Le roi la reçut avec une bonté touchante ; il promit aux habitans de conserver les privilèges, et annonça pour la seconde fois que ceux qui craignaient sa présence pouvaient se retirer en emportant leurs biens. Il chargea la députation d'offrir de sa part les mêmes conditions au comte de Sommerset et à ses Anglais. Les notables rentrèrent dans la ville ; la réponse du roi remplit tout le monde d'enthousiasme. On fit également part à Talbot et à Sommerset des propositions de Charles VII ; mais ils les repoussèrent avec

mépris : ils eurent lieu de se repentir d'une détermination dont on ne comprend pas l'imprudence, car ils allaient se laisser enfermer dans
le vieux palais sans aucune probabilité de
secours. Charles VII, agissant en souverain,
nomma le comte de Longueville gouverneur
général de Rouen, et lui donna l'ordre d'aller prendre possession de son commandement.
Le général français s'avança une troisième fois ;
il arriva le 19 octobre devant le plateau de
Sainte-Catherine, et somma les 280 Anglais
renfermés dans le monastère d'évacuer le poste,
ce qu'ils firent sur-le-champ. On les dirigea vers Pont-de-l'Arche. Ces étrangers rencontrèrent au-delà de Saint-Ouen Charles VII,
qui suivait le mouvement de l'avant-garde ; ce
prince les traita avec douceur, leur recommanda
surtout de ne point piller son pauvre peuple,
et de payer ce qu'ils prendraient. « Comment fe-
rons-nous, noble sire ? répondirent les Anglais ;
nous n'avons rien. » Charles VII leur fit donner
100 francs.

Après avoir occupé le plateau de Sainte-
Catherine, le comte de Longueville rangea son
armée en bataille au pied de la montagne, en
face de la porte Martainville ; il s'arrêta dans
cette position. Vers midi une députation, com-

posée de notables et d'ecclésiastiques, sortit, et vint lui présenter les clefs en disant, « qu'il lui plût de faire entrer dans leur cité, de par le roi, le nombre de gens de guerre qu'il voudrait. » Dunois se fit précéder de trois compagnies de gens d'armes à cheval, commandées par les sires de Brézé, de Floquet, de Mauny. Le général français entra ensuite avec ses archers et 3,000 soldats d'infanterie; il plaça le sire d'Haren-villers avec 200 hommes dans les fortifications du pont, investit sur-le-champ le vieux palais et le château, de manière à intercepter toute communication. Le lendemain, qui était un lundi, il fit ouvrir les portes, et laissa l'entrée libre aux habitans des campagnes. Les magistrats firent publier que tout homme, grand ou petit, portât la croix blanche sur sa casaque ou son chaperon. Dunois fut conduit avec pompe à l'église cathédrale; les chanoines le reçurent sous le portail, et lui mirent la chappe de saint Romain, ancien archevêque et patron de la ville. Cet honneur s'accordait rarement; sans doute que Talbot et Sommerset en avaient joui avant lui.

Le comte de Sommerset, enfermé dans le château, demanda à Dunois un sauf-conduit pour aller trouver le roi. L'ayant obtenu, il sortit à cheval, habillé d'une robe de velours bleu ornée d'orfévrerie d'or, et d'un chaperon de velours rouge : il eut la douleur, en traversant la ville, de voir les habitans, sans exception d'un seul, parés de la croix blanche. Le comte trouva le roi de France entouré d'une cour dont la magnificence l'étonna beaucoup : car les Anglais se figuraient toujours dans la même position ce Charles VII qu'ils avaient appelé *le roi de Bourges*, et qui subsista long-temps des secours de Jacques Cœur. Sommerset s'inclina profondément, et annonça qu'il venait dans le dessein d'obtenir pour lui et les siens la même capitulation que les bourgeois de Rouen : c'est-à-dire la permission de se retirer où bon leur semblerait. Le roi répondit avec fermeté : « On vous a offert déjà les conditions, et vous les avez refusées ; aujourd'hui je veux que l'on s'engage à payer 150,000 mille écus pour les frais de la guerre ; que l'on n'emmène aucune artillerie, et que l'on rende Honfleur, Caudebec, Tancarville et Harfleur. » Ces conditions, quoique très-dures, auraient été acceptées sur-le-champ si la fierté anglaise ne se fût révoltée à l'idée de rendre Harfleur, la première conquête de Henri V. Sommerset refusa d'admettre cette dernière clause ; on y tint plus fortement. Il rompit les pourparlers, et se retira brusque-

ment ; le roi le fit reconduire à travers l'armée,
par le comte de Nevers et le comte d'Eu, princes du sang. Il rentra dans le palais ; Dunois le
resserra davantage. Sommerset, privé de vivres,
demanda le douzième jour à traiter définitive-
ment. Il se rendit une seconde fois auprès du roi,
et le supplia de ne pas exiger la remise d'Harfleur s'il ne voulait pas réduire au désespoir les
1,000 Anglais renfermés avec lui. Charles VII,
désirant faire cesser l'état d'incertitude dans
lequel Rouen vivait depuis quinze jours, se
désista de cette dernière clause, mais il exigea
pour garantie de la fidèle exécution du reste du
traité que Talbot, la comtesse de Sommerset,
le fils du comte Dormond et deux autres seigneurs restassent en otage. Le gouverneur rentra dans le palais, et fit part à ses officiers
des conditions du roi de France. La nouvelle
que Talbot devait rester prisonnier causa une
vive rumeur parmi les soldats anglais ; ils ne
voulurent pas permettre que le héros qu'ils ido-
lâtraient se séparât d'eux pour être prisonnier
des Français. Ils s'y refusèrent pendant deux
jours avec obstination : la faim les obligea à céder. La capitulation fut exécutée telle qu'on
l'avait dictée : les Anglais ne purent emmener
aucune artillerie ; Sommerset sortit à leur tête,

et prit le chemin de Caen, où il espérait recevoir d'Angleterre des renforts, qui le mettraient en position de défendre le reste de la Normandie. Le jour même de la sortie des Anglais, Charles VII quitta Saint-Ouen, et vint occuper, avec la cour et le reste de l'armée, le plateau de Sainte-Catherine. A peine y était-il arrivé, qu'il y reçut la visite de Talbot; le général anglais mit un genou en terre, et baisa la main du monarque : ainsi en agissaient les seigneurs qui voulaient faire acte de vassalité envers leur suzerain; Charles le releva avec empressement : « Soyez le bienvenu, Talbot, lui dit-il en souriant; est-ce que vous venez faire serment à nous? » Talbot avait été créé par Henri VI comte du Perche et maréchal de France : le monarque pouvait espérer que l'Anglais, pour conserver ce riche comté, consentirait à devenir vassal de la couronne; mais celui-ci répondit : « Sire, pardonnez-moi; je ne suis pas encore conseillé pour le faire. »

Quoique Dunois fût entièrement maître de Rouen, qu'il occupât tous les postes, le roi n'entra pas sur-le-champ dans la capitale de la Normandie; il resta encore quelques jours au monastère de Sainte-Catherine, où il fit ses dévotions de la Toussaint, et s'y prépara à se montrer

avec dignité aux yeux des Rouennais : on sait
que les entrées des monarques français dans
leur capitale ou dans les villes de premier ordre étaient de véritables cérémonies ; on y déployait une magnificence propre à donner à la
royauté cette majesté qui lui est si nécessaire.

Charles VII avait alors auprès de lui tout ce
que la noblesse de France comptait de plus il-
lustre : les comtes de Soissons, de Clermont,
d'Eu, de Nevers, les deux Charles d'Anjou, dont
l'aîné était roi titulaire de Sicile, le comte du
Maine, leur neveu, les sires d'Albret, Louis de
Luxembourg, comte de Saint-Pol, Charles de
Montmorenci, les sires de La Fayette, de Tancarville, de Chabannes, Émeri de Rochechouart,
de Culant, de Jalonges, de Blainville, d'Orval,
de Gaucourt, de Valpergue, d'Estampes, de Castres, de Biencourt, de Chailly (1), de Rochefort,
d'Escards, de Xaintrailles, de Pressigni-Duchâtel,
Saint-Belin, Pierre Louvain. Un grand nombre
de nobles normands s'étaient ralliés depuis deux
ans aux bannières de Charles VII; il en arrivait
tous les jours; on distinguait parmi eux les sires

(1) Sire de Villequier, second écuyer. Il devait cette
charge à la protection d'Agnès Sorel, dont il avait épousé
la nièce, laquelle devint la maîtresse de Charles VII après
la mort de sa tante.

de Dampierre, d'Aumale, de Thorigni, de Torsi, de Braquemont, de Coigny, de Bec-de-Lièvre, de Clinchamp, de Coulombières, d'Estouteville, de Fontenay, de Gamaches, de Grandcourt, de Granville, de Guitry, de Longueval, de Caillebot, de Maulevrier, de Montagu, de Montigni, de Tourville, de La Roche-Guyon, de Tilli, de Preulli; d'autres bannerets marchaient dans la Normandie, sous le commandement du connétable. Ces barons, et même les simples nobles, avaient eu le temps, dans les huit ans qui venaient de s'écouler, de réparer les pertes qu'ils avaient essuyées à la guerre. La sagesse de l'administration, la cessation du brigandage, due à l'institution des armées permanentes, avaient donné à l'agriculture la possibilité de rouvrir les sources de richesses depuis si long-temps fermées. Ce fut alors que les nobles surent apprécier le prix de l'opulence. Après le bonheur de triompher dans un tournoi, le plaisir le plus vif fut pour eux celui d'étaler le faste dans les cérémonies publiques. Chacun se prépara avec ardeur pour l'entrée du roi dans Rouen; les équipemens militaires, les emblèmes de la puissance féodale, furent remis à neuf. Charles VII prit des mesures extraordinaires pour que l'ordre le plus sévère régnât dans la marche du cortège; on assigna à chaque baron sa place, avec défense d'en sortir. « Il prescrivit à tous, dit un historien contemporain, de garder son rang, de ne pas s'entrevancher les uns contre les autres, sous peine, à ceux qui autrement le feraient, d'être blâmés et reprochés en leur honneur. » Charles VII avait sans doute à cœur d'éviter les querelles qui pouvaient s'élever pour les préséances entre tant de bannerets fiers et vaniteux.

Pendant que les nobles de France faisaient leurs préparatifs, que plus de 1,000 ouvriers de Paris polissaient les armes et les cuirasses, que l'on disposait les harnachemens des chevaux, de leur côté les magistrats et les habitans de Rouen faisaient les dispositions convenables pour recevoir leur roi légitime. Ils tendirent leurs maisons depuis le toit jusqu'à la base, et couvrirent même les rues de manière à former un ciel continu; ils s'habillèrent tous mi-partie rouge et blanc, la couleur du roi; les fontaines versaient du lait et du vin; l'on avait placé à chaque carrefour des emblèmes parlant : l'un d'eux représentait un léopard avec ses petits, se regardant dans un miroir, et frappant son image avec sa patte. La chronique n'explique pas le sens de cette allégorie : on pourrait croire qu'elle signifiait le courroux de l'Angleterre, qui avait un léopard pour emblème. Un autre présentait les armes parlantes de la ville : un agneau (*agnus Dei*), qui roulait ses yeux, et *semblait rire de plaisir*. Dunois, en qualité de gouverneur, présidait à tous les préparatifs ; les postes militaires étaient occupés : la discipline la plus sévère régnait parmi les gens de guerre.

Le 10 novembre au matin, le roi descendit de Sainte-Catherine, passa la petite rivière qui coule au pied du plateau ; il s'arrêta au couvent des Chartreux, situé dans la plaine, sur la route de Darnetal, où il trouva l'armée rangée en bataille. Le cortège se forma sur ce point ; chacun y prit la place qu'on lui avait désignée. Le roi tourna une partie de la ville, passa devant la porte Saint-Hilaire, longea le rempart, et arriva, entre midi et une heure, à cent pas de la porte Beauvoisine. Dunois sortit à cheval, accompagné de l'archevêque, également à cheval, des évêques de Lisieux, de Coutances et de Bayeux, de 12 notables et du clergé marchant processionnellement, chantant le *Te Deum*, et portant les reliques de Saint-Romain. Le comte de Longueville menait les notables ; le plus âgé de ces bourgeois s'avança vers le roi, fléchit le genou, et présenta les clefs. Son émotion fut telle, qu'elle l'empêcha de prononcer le discours d'usage. Alors Dunois prit la parole : « Voilà, sire, dit-il, vos bons bourgeois de Rouen qui vous supplient très-humblement que vous les teniez pour excusés de ce que si longuement ils ont attendu de se remettre en votre obéissance, car ils ont eu de fort grandes affaires, et ont été fort contraints par les Anglais, vos anciens ennemis. » Charles VII répondit qu'il était content d'eux, et qu'il les tenait pour excusés. Alors le comte de Longueville se plaça derrière le roi, et le clergé prit la tête du cortège, qui s'ouvrit par 40 archers à cheval de la compagnie du comte de Clermont, habillés uniformément d'une cotte d'armes ou tunique rouge sans manches : leurs chapeaux de fer, leurs cuissarts, jambières, et les harnachemens des chevaux, étaient ornés de clous d'argent. Après eux venaient 50 archers du comte d'Anjou vêtus de jaune ; de leur chapeau de fer pendait une longue queue de taffetas découpé appelé *commète*, descendant jusque sur la croupe de leurs chevaux : le commandant de cette troupe portait la bannière particulière du comte d'Anjou ; puis 50 archers du roi de Sicile avec des jaques mipartie gris, blanc et noir, la couleur de leur maître ; puis 50 archers de la garde particulière

du roi, avec des cottes d'armes rouges, blanches
et vertes, couvertes d'orfévreries d'argent; trois
grandes plumes d'autruche, correspondant chacune à la couleur de la cotte, ombrageaient le
chapeau de fer; suivaient ensuite 300 autres
cavaliers de la garde, vêtus plus simplement,
avec une cotte rouge ornée d'un soleil d'or par
devant : ils avaient pour commandant le sire de
Valpergue, bailli de Lyon, monté sur un cheval
noir couvert de satin bleu; venaient ensuite les
trompettes du roi et du comte d'Anjou, au nombre
de 20, « sonnant merveilleusement, » les 24 hérauts du roi, et immédiatement après les officiers
de l'hôtel; d'abord le sire de Gaucourt, premier
chambellan, l'ancien gouverneur d'Orléans : son
cheval était couvert de satin cramoisi avec la
grande croix blanche; puis Dunois, grand chambellan de France, magnifiquement vêtu d'une
jaque de velours violet, doublée de martre-zi-
beline, et qui descendait jusqu'aux jambières,
faites d'argent bruni : cette robe s'ouvrait par
devant pour laisser voir une brillante cuirasse ;
une couverture en satin, mi-partie blanche et
bleue, enveloppait entièrement son cheval, dont
le chanfrein en acier poli orné d'argent jetait
beaucoup d'éclat : son épée seule était estimée
20,000 écus. Derrière le comte de Longueville

marchait Enguenin d'Escars, premier chambellan, portant également la robe mi-partie blanche et bleüe, montant un haut destrier, caparaçonné, avec de riches ornemens couleur de feu. Sur la même ligne marchait le sire Jacques Cœur, qui semblait porter avec affectation un costume semblable à celui de Dunois, quoiqu'il ne fût pas militaire : même jaque, même corselet, même épée ; on lui fit plus tard un crime de cette imitation puérile. Venait ensuite le maréchal de La Fayette, armé de pied en cap, comme homme de guerre ; il était suivi de Juvénal des Ursins, grand-chancelier de France, revêtu d'un pourpoint, d'un manteau pourpre, dite couleur de roi ; devant lui, un écuyer conduisait par la bride une haquenée blanche d'Irlande, qui portait sur une selle carrée un coffret de bois précieux, long d'un pied, renfermant les sceaux de France : Pierre Guerin de Brulart (1), premier secrétaire de la chancellerie, se tenait à cheval auprès des sceaux. Derrière Juvénal des Ursins s'avançait Jean de Fontenilles, écuyer des écuries, portant, roulé sur ses épaules

---

(1) Il descendait du chevalier Guerin qui dirigea les opérations lors de la bataille de Bouvines. Pierre de Brulart devint conseiller du roi : sa descendance s'est perpétuée jusqu'à nos jours.

comme une écharpe, le manteau du roi. On distinguait cet officier à un chapeau de castor très-élevé et très-pointu. Venait ensuite Xaintrailles grand écuyer, bailli de Berri, avec une armure entièrement blanche, ayant en sautoir l'épée du roi, ornée d'un pommeau et d'une croix d'or massif; son cheval était couvert de satin bleu. Immédiatement après Xaintrailles marchait le roi, portant une armure complète; cette armure, d'un travail fini, était resplendissante d'or, mais au lieu de casque il avait un petit chapeau de castor gris, doublé de satin rose, pointu, et terminé par une houppe à fils d'or; il montait un cheval d'une moyenne taille, afin de rendre moins sensible à la vue ses jambes beaucoup trop courtes pour le corps; ce cheval était couvert d'une robe de drap bleu à franges d'or, semée de fleurs de lis; quatre pages le précédaient; le premier portait la lance, le second la javeline, le troisième le bouclier, et le quatrième la hache. Derrière le prince marchait le bailli d'Evreux, tenant l'étendard du roi, fait de satin blanc, bordé de grosses perles et parsemé de soleils d'or, et non de fleurs de lis. A gauche de Charles VII, un peu en arrière, marchait le roi de Sicile, la couronne en tête, avec une robe très-ample de drap d'argent. Le comte

d'Anjou, frère de ce dernier, marchait sur la
seconde ligne : à la couronne près, son ajustement était semblable. Après ces deux princes
venaient les seigneurs, les bannerets et chevaliers qui n'avaient point de charge à la cour; ils
étaient au nombre de 1,000; ils marchaient suivant leur rang dans la hiérarchie féodale, et à
la place qu'on leur avait assignée. On distinguait en avant les comtes de Nevers et de Saint-
Pol. Le premier montait un cheval bai, ca-
ché sous une robe de velours vert traînant
jusqu'à terre, et ornée d'orfévreries d'argent;
sa cotte d'armes et son chaperon écarlate atti-
raient les regards par leur éclat; vingt pages,
presque aussi magnifiquement habillés que lui,
le suivaient à cheval. Le second montait un
cheval gris pommelé, d'une hauteur extraordinaire, couvert d'une robe de satin noir, et
dont la tête était enfermée dans un chanfrein
estimé trente mille écus ; un écuyer conduisait
derrière lui un second cheval armé en guerre,
noir, et bardé de larges bandes d'argent. Les
autres seigneurs étaient plus ou moins richement habillés; des robes de nuances tranchan-
tes couvraient leurs chevaux : ce genre d'é-
quipement ne servait point à la guerre; on
le réservait pour les tournois ou pour les céré-

monies publiques; et comme, dans ce siècle, tout était guerrier, les grands mettaient un soin particulier dans leurs ajustemens militaires; aussi les cérémonies offraient-elles une pompe, un faste qui souvent n'étaient pas en harmonie avec le reste, et dont aujourd'hui il serait difficile de se faire une juste idée. Le cortège était fermé par la bataille du roi, composée de 3,000 archers à cheval : un petit étendard rose, orné d'un soleil d'or, pendait à leurs lances : ils avaient pour commandant Philippe de Culant, amiral de France (1).

Dès que le roi eut dépassé le portail de la ville, il trouva un dais tenu par quatre notables qui ne le quittèrent plus : il s'arrêta après avoir fait quelques pas, et, d'après un usage adopté depuis près de cinquante ans, dont on ignore l'origine, le sire de Brézé, sénéchal du Poitou, arma chevalier devant le monarque, et en son nom, un enfant de douze ans, fils du sire de Pressigny. Charles VII s'avança lentement dans la grande rue, à travers une foule innombrable qui témoignait sa joie, mais sans crier, car le respect imposait silence ; seule-

(1) Cérémonial de France, par T. Godefroy, t. 1er, p. 662; Alain Chartier, Histoire de Charles VII.

ment un grand nombre de petits enfans de six à dix ans, vêtus de blanc, rangés en haie, chantaient : *Noël! noël!* Les fenêtres étaient remplies de monde, et surtout de femmes dans leurs plus beaux atours A l'un des balcons de la grande rue on distinguait la comtesse de Longueville, et à ses côtés le général Talbot, qui n'était pas un des ornemens les moins remarquables de cette fête : ce guerrier, dont la valeur avait été si fatale à la France, semblait n'être là que pour assister à ses triomphes, et attester l'instabilité des choses humaines. Charles VII descendit de cheval sous le portail de la cathédrale, entra dans l'église, accompagné de flots de peuple; il alla baiser les reliques, et fit ses dévotions avec une ferveur touchante : on le conduisit ensuite à l'archevêché, qu'il choisit pour sa résidence. Les bourgeois, les notables, les plus riches particuliers se disputèrent le plaisir de loger les grands officiers, les seigneurs et les simples écuyers; chaque maison eut quelques soldats, de manière que la ville offrait l'image d'une seule famille. Les huit jours que le roi et sa suite restèrent dans Rouen se passèrent en fêtes ; chaque soir on allumait des feux de joie dans les carrefours; dans la journée, les bourgeois plaçaient devant leur portes des tables chargées de viandes froides, de fruits, de vin, conviant à ces banquets les soldats qui venaient du camp des Chartreux pour visiter la ville. En entrant, Charles VII avait fait publier l'ordonnance suivante : « Qu'il n'y eût aucun de ses gens, de quelque estat, de quelque condition et qualité qu'il fût, qui meffît en rien à aucun citoyen de cette ville, ny qu'il prît du leur sans payer ou de leur bon gré, et ce, sous peine capitale. » Quinze ans auparavant, Charles VII eût été dans l'impuissance de faire observer une pareille ordonnance; mais le licenciement des compagnies et la création de l'armée permanente lui avaient donné une autorité incontestable. On ne commit aucun excès, on respecta les ordres du prince, et l'historien Couci dit comme une chose remarquable : « Cette ordonnance, ainsi publiée, fut très-bien entretenue, et très-bien observée. »

Les réjouissances publiques ne firent point oublier à Dunois le soin de la campagne; son honneur était intéressé à poursuivre la conquête de la haute Normandie; les avantages rapides que le connétable remportait dans l'autre portion de la province le stimulaient : il parvint à arracher Charles VII au repos que ce prince goûtait à Rouen, et sut le déterminer à continuer les opérations de la guerre. Le roi passa en revue son armée, forte encore de 20,000 combattans : on avait mis des garnisons dans les places conquises, et Rouen, dont les habitans craignaient de retomber au pouvoir des Anglais, obtint 6,000 hommes. L'armée, dont le comte de Longueville formait l'avant-garde avec 3,000 archers d'élite, se dirigea vers Harfleur : la conquête de cette place intéressait beaucoup le roi. Charles VII s'arrêta le second jour de marche, à la nouvelle que le sire Thomas Curson, gouverneur d'Honfleur, avait refusé de rendre cette ville comme le spécifiait la capitulation de Rouen. Tancarville, Arques, Lillebonne, trois autres villes désignées dans le traité, avaient ouvert leurs portes ; on n'attendait que la soumission d'Honfleur pour rendre la liberté à Talbot et aux autres otages gardés dans le château de Dreux. Charles VII ne voulut pas profiter de cette circonstance pour prolonger la captivité du héros anglais ; il lui rendit la liberté sans rançon, et eut même la générosité de conserver à ce guerrier le titre de maréchal de France qu'il tenait de Bedfort. Talbot ne se laissa point vaincre en nobles sentimens ; indigné de voir ses compatriotes violer une convention dont il s'était porté le garant, il ne voulut pas profiter de la licence du roi de France pour reprendre les armes; il quitta le théâtre de la guerre, et se rendit à Rome dans l'intention de remplir un vœu qu'il avait fait à saint Pierre.

C'est ainsi que Rapin Thoiras, cité pour son exactitude, raconte le fait; t. iv, in-4°, pag. 322. Le chroniqueur Berry dit au contraire que Talbot fut retenu prisonnier. Hume adopte cette version, t. ii, in-4°, pag. 496; et Velly, dans une note, répète ce que dit Hume, assurant que le général anglais fut resserré dans le château de Dreux, et dans la même note il finit par dire que Talbot alla à Rome remplir un vœu; il n'était donc pas prisonnier. On le voit à Londres, l'année suivante, préparant une expédition pour secourir la Guienne, attaquée par les armes de Charles VII.

L'on mit en question si l'on marcherait aussitôt sur Honfleur, ou si l'on continuerait à s'approcher d'Harfleur; le roi adopta le dernier parti. Il ordonna à Dunois de s'avancer rapidement et d'investir cette place. Charles VII s'arrêta à Montivilliers. Le comte de Longueville prit position devant Harfleur, le 10 décembre; il avait avec lui Jean Bureau et son parc d'artillerie. On eut à lutter d'abord contre de grandes difficultés: la mer, dans son flux et reflux, emportant les travaux, empêchait de mettre les pièces en batterie ; les soldats, travaillant dans l'eau, avaient souvent à repouser les sorties que faisait la garnison, forte de 1,600 hommes; un froid vif augmentait les embarras. Malgré ces inconvéniens, Dunois, opiniâtre dans ses entreprises, resserra la place sur tous les points, contraignit le gouverneur Aberghen à cesser ses sorties. Charles VII, apprenant la résistance d'Harfleur, accourut afin d'encourager les soldats par sa présence. A son arrivée, il ordonna un assaut; on profita de la retraite de la mer, on combla de fascines un vaste fossé, et on donna le signal de l'attaque. Charles VII se mêla parmi les assaillans, le casque en tête, l'épée à la main, mais cette tentative échoua; la ville ne pouvait être attaquée que d'un côté; les assiégés se portaient en foule sur ce point; ils défendirent les remparts d'une manière héroïque, et empêchèrent les Français de s'y loger; il fallut battre en retraite et repasser le fossé. Charles VII, dégoûté promptement, comme à son ordinaire, quitta l'armée, et revint à Montivilliers. Malgré la retraite du roi, bien propre à porter le découragement dans toutes les ames, Dunois conserva sa position, et se montra plus ardent dans cette entreprise; il avait le rare talent d'enchaîner les soldats auprès de lui, et de leur inspirer une confiance que les revers n'affaiblissaient point.

Enfin Bureau établit, d'une manière solide, ses batteries, qui commencèrent à tonner en portant l'effroi dans la place. Après avoir essuyé ce feu pendant six jours, le gouverneur, arborant le drapeau blanc, vint remettre les clefs au comte de Longueville, qui lui permit de se retirer par eau à Cherbourg (24 décembre).

Dunois fit son entrée le 28, monta à la haute tour, appelée le Phare; il en ôta lui-même la bannière d'Angleterre, que Henri V y avait placée de ses mains, et y substitua le drapeau français. En apprenant la prise d'Harfleur, Charles VII nomma le Bâtard gouverneur suprême de cette ville, et alla se renfermer avec toute sa cour dans l'abbaye de Jumièges. Il y perdit, quelques jours après, la belle Agnès, qui mourut en couches.

Après avoir établi une nouvelle administration dans Harfleur, le comte de Longueville quitta cette ville le 10 janvier, et le 17 investit Honfleur, que le capitaine Curson avait refusé de rendre. Cet officier, dont l'activité égalait le courage, s'était procuré des canons, dont il se servit avec avantage; il tua le bailli de Montargis et le sire de Blanchefort. Le général français, deux fois repoussé, ramena deux fois ses soldats sous le feu de la place; et comme l'on ne savait pas charger les pièces avec vitesse, il profita de l'intervalle pour monter à l'escalade; à peine quelques-uns des siens se furent-ils logés sur les remparts, que le gouverneur capitula; néanmoins, pour mettre son honneur à couvert, il supplia Dunois de lui permettre d'attendre encore cinq jours, afin de s'assurer si le duc de Sommerset était en chemin pour le secourir. Mais Sommerset, pressé d'un autre côté par le connétable, se trouvait hors d'état de voler à sa défense; les cinq jours étant passés, les ponts-levis furent baissés; les Anglais montèrent sur des embarcations, et voguèrent dans la direction de Cherbourg. Dunois envoya ses lieutenans s'assurer de quelques petites places voisines, et prit des cantonnemens pour attendre la fin de l'hiver.

Nous avons vu le connétable de Richemont commencer d'une manière brillante la campagne de 1450, et anéantir à la bataille de Formigni les dernières ressources de l'Angleterre. Dunois, de son côté, manœuvrait pour resserrer Sommerset dans la ville de Caen, comme il l'avait resserré dans Rouen. Le comte de Clermont, qui après le combat de Formigni s'était séparé du connétable, vint se joindre au Bâtard avec sa division. Ce jeune prince n'avait point voulu reconnaître l'autorité du premier officier de la couronne ; il ne fit pas de difficulté de devenir le lieutenant du comte de Longueville, beaucoup moins altier que le guerrier breton. Les deux généraux réunis investirent Bayeux, la troisième ville de la Normandie. Le gouverneur, Mathieu Got, en était sorti quinze jours auparavant pour aller seconder les opérations de Kiriel ; il assista au combat de Formigni, mais voyant que l'arrivée du connétable faisait pencher la balance du côté des Français, il se retira précipitamment, en disant : « Bonne fuite vaut mieux que mauvaise attente, » et rentra dans Bayeux avec 600 hommes, ne se dérobant à un danger que pour tomber dans un autre encore plus certain. Il fut bloqué étroitement. Le comte de Clermont prit ses quartiers à l'entrée de la route de Carentan. Dunois, ayant avec lui le comte d'Eu et le maréchal de Culant, prit les siens sur la chaussée. Jean Bureau établit ses redoutables batteries, et bientôt les murs de la partie de l'ouest offrirent de vastes brèches ; les soldats étaient prêts à s'y précipiter, mais Dunois, secondé des autres chefs, les retint, désirant épargner à une ville française les horreurs d'une prise d'assaut. Il fit sommer

Mathieu Got; en ne lui donnant qu'une heure
pour répondre. Le général anglais capitula sur-
le-champ. Les 900 hommes formant le garnison
étaient peut-être les meilleurs soldats que l'Angleterre eût sur le continent; ils furent obligés de
défiler devant les assiégeans, le bâton à la main
selon l'usage; ils ne purent emmener ni chevaux ni chariots. Comme les Anglais étaient établis depuis plus de trente ans dans Bayeux,
ils avaient avec eux leurs familles : on vit sortir
4 ou 500 femmes, emmenant plus de 150 enfans; les unes les portaient sur leur tête dans
des berceaux, les autres dans les bras, une grande
partie les traînaient par la main. Ce spectacle
toucha l'ame du vainqueur : la générosité française l'emporta sur la sévérité des lois de la guerre;
les chevaliers offrirent des dextriers aux dames
nobles ; les soldats donnèrent aux autres femmes
les chariots qui avaient servi à transporter leurs
bagages. ( Tous les historiens du temps. )

Rien n'empêchait d'entreprendre le siège de
Caen ; Charles VII ordonna qu'on le commençât
dans le plus court délai, et manda au connétable,
qui se trouvait auprès de Vire, de manœu-
vrer pour venir faire sa jonction avec le comte
de Longueville sous les murs de cette place,
qui allait avoir à soutenir les efforts de 40,000

Français que leurs succès récens remplissaient d'ardeur et de confiance.

Caen fut fondée, vers le commencement du dixième siècle, par un des successeurs de Rollon. Le château, tel qu'il était du temps de Charles VII, formait à lui seul une ville séparée : Guillaume - le - Conquérant l'avait fait construire en 1055; plus tard, Henri I^{er}, roi d'Angleterre et duc de Normandie, doubla l'épaisseur des murailles, et y ajouta un donjon. La ville fut prise, comme nous l'avons dit dans la Vie de Jacques de Bourbon, sous le règne de Philippe de Valois (1346), par Édouard III, qui la livra au pillage : il y fit un butin immense. Sa situation près de la mer la rendait commerçante; la fertilité de son territoire, arrosé par deux rivières, y entretenait l'abondance. Après être rentrée sous la domination de la France, par suite des victoires de Charles V, elle tomba une seconde fois au pouvoir des Anglais, en 1417, deux ans après la bataille d'Azincourt. Les habitans, extrêmement belliqueux, comme tous les Normands, voulurent défendre leur cité; ils furent taillés en pièces; les Anglais firent main-basse sur tout le monde : on y montrait le lieu où un soldat d'Henri V trancha la tête à une femme qui allaitait son enfant. Après quelques heures de tuerie, Henri V arrêta la fureur de ses soldats. Les désastres de la France lui faisaient espérer qu'il pourrait réunir pour toujours la Normandie à la couronne d'Angleterre, et dans ce cas il lui importait d'en ménager les habitans. Il transplanta dans Caen plusieurs familles anglaises, augmenta ses fortifications, et fit régner dans l'intérieur de la ville la police la plus sévère. Le régent Bedfort établit à Caen, en 1431, une université qui devint bientôt célèbre : la jeunesse de la Normandie, du Maine, de la Picardie, de l'Ile-de-France, vint étudier dans cette ville éloignée du théâtre de la guerre et le seul coin de la France où l'on vécût en repos. Les écoliers fort turbulens devinrent les premiers instigateurs des séditions ; Bedfort fit élever devant l'université un pilori, afin d'offrir à leurs regards les châtimens destinés à ceux qui oseraient troubler l'ordre public.

Sommerset ne doutait pas que ses 3,000 hommes de garnison, retranchés derrière des fortifications redoutables, ne bravassent impunément les efforts des deux corps d'armée réunis : il se trompait, car rien ne rend aussi entreprenant que le succès. Charles VII, ses généraux et les simples soldats eux-mêmes, pensaient que la conquête de la Normandie resterait incomplète si les An-

glais conservaient un seul bourg dans la province;
chacun se montrait décidé à ne prendre de repos que lorsque l'étranger aurait été entièrement
expulsé. Dunois paraissait plus animé que tous
les autres; l'émulation l'aiguillonnait : car le connétable, vainqueur au combat de Formigni, accourait pour prendre part au siège de Caen. Le
Bâtard aurait voulu enlever la place sans l'appui
de son rival de gloire; en conséquence, le 4 juin
1450, il investit la ville , mais seulement de trois
côtés, sans s'occuper de la vieille ville, dominée
par le château : il laissait ce point libre pour que
le connétable s'en chargeât à son arrivée; il espérait enlever la ville neuve de front par le faubourg de Vaucelles, où il établit ses quartiers;
le maréchal de La Fayette et le comte de Clermont se placèrent dans les faubourgs de Saint-
Gilles, le maréchal de Lohéac et le maréchal
de Culant formèrent leurs lignes dans la grande
prairie : la disposition des lieux rendait ces
trois attaques très-épineuses. Le sire de Mec-
ton, commandant les troupes anglaises, sous
le duc de Sommerset, fit sortir la moitié de
la garnison pour défendre les approches de la
rivière, et empêcher Dunois de jeter des ponts.
Le général français attaqua vigoureusement
cette troupe pour la forcer à lui abandonner

le terrain; mais il trouva une vive résistance, et il fut contenu toute la journée. Le lendemain on apprit l'arrivée du connétable, qui investit avec son corps d'armée la vieille ville, depuis l'abbaye Saint-Étienne jusqu'aux remparts du château; son arrivée augmenta l'ardeur du comte de Longueville, qui fit une seconde tentative; elle eut un plein succès : le Bâtard battit les Anglais, passa la rivière, et se logea auprès de l'hôpital; il pratiqua même une brèche dans un ravelin qui défendait ce point.

Charles VII s'était arrêté dans une abbaye, à trois lieues de Caen; on l'instruisait d'heure en heure de la situation des choses; il ordonna à Dunois de ne pas livrer l'assaut avant qu'il ne fût arrivé; il accourut enfin, et vint prendre ses quartiers dans ceux du comte de Longueville, en-deçà de l'Orne. Après s'être reposé quelques instans, il passa la rivière et fit donner le signal de l'attaque. Les Anglais avaient porté toutes leurs forces sur ce point, jugé par eux le plus faible; ils opposèrent une résistance opiniâtre, et montrèrent encore ce sang-froid, cette valeur dont ils avaient donné tant de preuves dans tout le cours de la guerre. La nuit força Dunois à quitter le rempart, qu'il laissa couvert de morts; il donna un jour de repos à ses troupes, puis il attaqua une seconde fois la bastille : les progrès que le connétable faisait du côté de la vieille ville le favorisaient en ce que les Anglais, obligés de partager leurs forces, ne purent en porter de suffisantes dans cet endroit. Dunois s'empara de la bastille et s'y logea; il allait lancer ses soldats dans l'intérieur, lorsqu'un ordre du roi l'en empêcha. D'après les observations du connétable, Charles VII ne consentit pas à livrer au pillage une ville qui avait été saccagée deux fois pour la cause des Valois : le roi envoya un chevalier de son hôtel vers Sommerset pour le sommer de la rendre par capitulation. Pendant que l'on attendait l'officier porteur de ce message, des cris horribles se firent entendre du côté de la vieille ville, et furent suivis d'un grand jet de flamme et de fumée, qui s'élança dans les airs comme une gerbe : Arthur venait de mettre le feu à la mine des bastions. Les Anglais, pressés de toute part, renoncèrent à défendre plus long-temps une ville qu'ils possédaient depuis trente-cinq ans. Sommerset avait donné le mois précédent 150,000 livres pour obtenir la permission de sortir librement du château de Rouen, il en donna le double pour quitter celui de Caen. Le traité fut conclu le 24 juin; le bailli de Caen s'avança au-delà des barrières, et offrit les

clefs au connétable, qui les remit incontinent
à Dunois, nommé par le roi commandant supérieur de la ville (1). Charles VII y fit son entrée
le 6 juillet de la même année. Les habitans, bien
traités par la maison de Lancastre, ne montrèrent point pour leur roi le même empressement
que ceux de Rouen.

Après avoir donné quelques jours aux soins
de son nouveau gouvernement, le comte de
Longueville rentra en campagne. Il termina la
conquête de la province par la prise de Dom-
fort et de Falaise, les seules villes qui tinssent
encore pour les Anglais. La première fut emportée dans l'espace de huit jours, mais la seconde
résista plus d'un mois. Henri VI en avait fait
présent au vaillant Talbot. Ce général la fortifia d'après ses plans particuliers, et y plaça une
garnison composée de 1,200 vieux soldats, les
vétérans de l'armée anglaise. Ces braves repoussèrent vigoureusement les premières attaques;
puis, sentant l'impossibilité de se défendre contre
15,000 hommes; ils envoyèrent un de leurs officiers vers le général français pour lui déclarer
qu'ils livreraient la ville aux flammes, et s'en-
terreraient sous ses débris, si on refusait de leur

______

(1) Bourgueville, Antiquités de Caen, 1588, p. 63.

accorder des conditions honorables. Dunois considéra qu'il serait cruel de terminer cette campagne d'ailleurs si heureuse par la ruine d'une des plus importantes villes de la province. Admirant la conduite de ces soldats, dont la résolution contrastait avec la pusillanimité de Sommerset, il les laissa régler eux-mêmes les articles de la capitulation. Ils demandèrent de se retirer avec leurs armes dans un port de mer, pour être transportés en Angleterre; de plus, que Talbot, leur ancien général, fût mis en franchise (1). On sait que Charles VII lui avait rendu la liberté sans rançon, après la violation du traité de Rouen. Les lois de la guerre voulaient que dans ce cas le prisonnier s'abstînt pendant deux ans de porter les armes. Cette défense cessait au moyen d'une déclaration *en franchise*, donnée par le vainqueur. Quoique cette condition fût d'une nature bien délicate, le comte de Longueville y souscrivit, et termina ainsi par une action magnanime la conquête de la Normandie. Nous ne devons pas clore ce chapitre sans dire que Jacques Cœur contribua puissamment aux brillans résultats que l'on venait d'obtenir. Grace

(1) Alain Chartier, Histoire de Charles VII, deuxième partie.

à ses soins, la solde fut acquittée exactement mois par mois. Les artilleurs de Jean Bureau, presque tous génois, italiens ou espagnols, montraient plus d'exigence que les Français. Leur paie, supérieure à celle des autres soldats, ne manqua pas un seul jour. L'on fut alors en droit d'exiger de l'armée qu'elle respectât les propriétés des vaincus. L'on gagna ainsi l'amitié des Normands, qui secondèrent avec plus de zèle les opérations de Charles VII.

# LIVRE V.

Dunois passe en Guienne, soumet Bordeaux et toute la province.

---

Dunois venait d'acquérir de nouveaux droits à la reconnaissance des peuples par la conquête de la Normandie; mais un autre avait partagé cette gloire : Arthur de Richemont avait augmenté sa renommée dans cette mémorable campagne, et l'opinion publique le plaçait au-dessus des autres généraux. Le Bâtard s'en indignait; aussi cherchait-il avec empressement les occasions de s'illustrer de manière à ne plus craindre de comparaison. Il montra dans le conseil du roi la réduction de la Guienne comme une chose facile, et propre à immortaliser le règne de Charles VII. Ce prince repoussa d'abord cette proposition; le bruit des armes le fatiguait; cependant il avait fait preuve récemment d'une rare valeur; enfin les discours du Bâtard l'ébranlèrent : il se complaisait dans l'idée d'expulser les Anglais du royaume, de les rejeter dans leur île, de faire ce que Philippe-Auguste avait tenté inutilement; il s'abandonna entièrement aux inspirations du comte de Longueville. Il le nomma une seconde fois *son lieutenant-général en ses guerres*, et le chargea de la conquête de la Guienne. Les circonstances servaient admirablement la noble ambition de Dunois; car le comte de Richemont, qui, en sa qualité de connétable, aurait pu réclamer le commandement de l'armée, venait d'être appelé en Bretagne par la mort de son neveu François, qui l'avait nommé son exécuteur testamentaire.

Quoique le roi eût donné de vive voix son consentement à cette expédition, cependant il ne voulut pas qu'elle commençât avant qu'il eût consulté son grand conseil; il le convoqua à Tours; il y appela extraordinairement des prélats, des magistrats, des docteurs, des généraux, des syndics de corporations, des prévôts de villes. Charles VII, n'ayant dû le rétablissement de son trône qu'au dévouement de ses sujets, prit la louable habitude de ne rien entreprendre d'important sans en soumettre le projet à ce grand conseil, composé de manière à représenter la nation; ceci était même indispensable dans un moment où l'État, sortant d'une crise qui l'avait ébranlé jusque dans ses fondemens, pouvait être compromis de nouveau par une seule faute.

Les avis furent unanimes, et appuyèrent l'opinion de Dunois, qui demandait au roi de mettre le sceau à la gloire de son règne en chassant les Anglais du sol français.

Les chroniques ne disent pas les raisons qui empêchèrent le comte de Longueville de partir sur-le-champ pour la Guienne : nous croyons avoir trouvé les motifs de ce retard, dans le procès que l'on instruisit contre plusieurs financiers. On intenta ces procès, autant dans le double dessein de punir des méfaits, que de trouver de l'argent pour la nouvelle expédition. La nation, ruinée par la guerre et l'intempérie des saisons, ne pouvait en fournir beaucoup ; c'est alors que l'on rechercha la conduite de Jacques Cœur. En attendant que l'on pût réunir une masse de preuves suffisante pour le faire condamner, on le mit en suspicion, et on exigea de lui cent mille écus, pour prix de la liberté provisoire qu'on lui laissait. Cette somme fut affectée sur-le-champ à la solde de l'armée. On attaqua également la gestion d'un autre financier nommé Xançois, chargé de lever les impôts des provinces du nord, jusqu'à la Seine. Jacques Cœur avait sous sa direction l'autre moitié de la France. Ce Xançois fut jugé coupable de péculat, et comme tel condamné à mort. Il racheta sa vie par une grosse somme et l'abandon de toutes ses propriétés. Si on en croit quelques historiens, Charles VII partagea la dépouille de cet homme entre les seigneurs de la cour qu'il aimait le mieux, ou qui lui avaient rendu le plus de services; il fit présent à Dunois d'un magnifique hôtel que Xançois possédait à Tours; cette maison avait été bâtie par des architectes italiens. Le comte de Longueville se montra moins scrupuleux que nul autre pour accepter de pareils dons : on sait que l'amour de l'argent ternit ses belles qualités. La solde de l'armée étant assurée, on envoya une avant-garde de 4,000 hommes, sous les ordres du comte de Penthièvre, qui venait d'entrer au service de Charles VII après avoir terminé, par une cession généreuse, la longue querelle des maisons de Blois et de Montfort. Le prince breton fut accompagné du maréchal de Culant, de Xaintrailles, de Pierre de Louvain, de Jean Bureau et du sire Dorval, fils de Charles d'Albret, du sire de Kersaliou, de Guillaume de Bruc, du sire de Guitté, et d'autres bannerets bretons arrivés dans l'Agénois; les sires de Rochechouart et de La Rochefoucault, seigneurs aquitains très-puissans, s'unirent aux Français avec 600 nobles.

Les hostilités commencèrent aussitôt sur la Dordogne par le siège de Bergerac , pendant que le comte de Foix les commençait dans le Béarn, en menaçant Bayonne. Bergerac fut pris dans les derniers jours de 1450; Chalais, appartenant à la maison de Talleyrand, Sainte-Foix, Saint-Émilion, eurent le même sort. L'armée se partagea par détachemens pour attaquer simultanément les petites places dont ce pays était hérissé; le comte de Penthièvre attaqua La Réole, le sire de Rochechouart Marmande; le sire d'Orval franchit la Garonne, et investit Bazas, capitale des hautes Landes; il s'en rendit maître après huit jours de résistance.

La nouvelle des progrès des Français causa une vive sensation dans Bordeaux, mais sans décourager les habitans. Pierre de Lude, maire, sortit avec 8,000 hommes de milice et 500 Anglais, dans l'intention d'arrêter la marche du sire d'Orval, qui descendait la rivière. Les paysans, fuyant devant le général français, vinrent annoncer aux Bordelais qu'il avait passé la Gironde, et s'était arrêté dans un bois n'ayant avec lui que 1,800 hommes. Le maire hâta sa marche, craignant que d'Orval ne lui échappât; ses gens arrivèrent hors d'haleine et confusé-

ment, comme des soldats citadins. A peine tou-
chèrent-ils la lisière du bois, que d'Orval déboucha avec sa division, formée en deux colonnes
serrées; il fondit sur les Bordelais avec impétuosité, et en tua 1,200 dans la première charge. A
la vue de ce massacre, le maire, qui était à cheval,
abandonna le champ de bataille; les autres chefs
l'imitèrent, alors les miliciens reprirent en désordre le chemin de la ville : ils auraient été
exterminés sans les 500 Anglais qui protégèrent
leur retraite. Cette rencontre eut lieu le jour
de la Toussaint : le peuple regarda la défaite qui
s'ensuivit comme la punition de la faute que
les Bordelais avaient commise en combattant un
jour de fête sans y être forcés.

La nouvelle de cet avantage n'était pas encore
connue lorsque Dunois partit de Chinon avec
quatre compagnies de cent lances, chacune formant 2,400 hommes, et 4,000 francs archers; mais
outre ces compagnies d'hommes d'armes, les
princes du sang et grands seigneurs avaient avec
eux, comme suite, 50, 100, 150 nobles, qui les
accompagnaient à la guerre, comme par le passé.
On comprend que dans l'espace de dix-huit ans
on n'avait pu détruire ce qui avait existé pendant six siècles; on ne pouvait non plus exiger
de ces anciens leudes, si fastueux, qu'ils parus-

sent à la guerre seuls et sans vassaux ; mais dû
moins ces seigneurs ne pouvaient enrôler in-
distinctement ce qui se présentait : leur suite se
composait de nobles nés dans leurs domaines,
et dont ils répondaient comme d'eux-mêmes ;
ainsi on ne pouvait les confondre avec les aven-
turiers des grandes compagnies.

Au moment de quitter Chinon, on publia
avec solennité les ordonnances sur la discipline,
dont l'exacte observation avait puissamment contribué à gagner les Normands : il fut ordonné
que nul ne prît vivres pour lui et son cheval sans
les payer d'après la taxe établie de concert avec
les généraux et les magistrats des pays que l'on
traversait ; le pain seul était fourni par étape,
mais la viande s'achetait comme aujourd'hui ; on
défendit expressément de tuer les bœufs servant au labour ; les volailles, les liqueurs furent
taxées ainsi que le foin, la paille ; un boisseau
d'avoine se vendait 5 deniers ; celui qui dérobait
quelque chose le rendait, et perdait en outre
quinze jours de solde : nous ignorons s'il y
avait punition corporelle. Chaque capitaine ou
chef de compagnie était tenu de faire lire devant
la troupe, au moins une fois par semaine, l'ordonnance royale ; on s'en prenait à lui lorsqu'il y avait violation manifeste. Le comte de

Longueville se mit en marche au mois d'avril 1451; il avait pour lieutenant le comte d'Angoulême, troisième fils de Louis d'Orléans, qui avait été trente-deux ans prisonnier en Angleterre.

Les autres généraux servant sous les ordres du comte de Longueville, étaient les comtes de Vendôme, de Clermont, de Nevers, princes du sang; les sires de Castres, de Tancarville, de Chabannes; Pierre de Beauvau, le sire d'Escars, Joachin Rouaut : Jean Bureau, maître de l'artillerie, conduisait un matériel formidable. A cette occasion Alain Chartier dit : « Pareillement étoit grosse la provision que le roi avoit mise en son artillerie pour le fait de la guerre, où il avoit le plus grand nombre de grosses bombardes, gros canons, venglanes, serpentines, crapaudines, couleuvrines et ribaudequins, qu'il n'est pas de mémoire que homme eût jamais vu un roi chrétien avoir si nombreuse artillerie, tout à la fois si bien garnie de manteaux, poudre et de toutes autres choses pour faire approches et prendre villes et châteaux, ni qui eût plus grande quantité de charrois pour les mener, ni conducteurs plus expérimentés pour les gouverner. »

Le soin de la police militaire et des distributions de vivres en campagne était confié à Tristan-l'Ermite, homme d'un caractère inflexible, dont la sévérité fut pendant long-temps la terreur des armées. Le trajet n'était pas fort long, mais il était difficile; l'armée arriva cependant en bon ordre aux frontières de la Saintonge. Blaye, regardée comme la seconde ville de la province, fut attaquée la première; le gouverneur, le sire de Montférant, neveu du maire de Bordeaux, refusa de se rendre, en disant qu'il avait pour quatre mois de vivres. Au troisième assaut la place fut emportée; 200 hommes périrent sur les remparts; le gouverneur se retira dans le château. Cinq gros vaisseaux de Bordeaux, chargés de vivres pour les assiégés, stationnaient dans la rivière; Jean Le Boursier, conducteur des navires du roi de France, entra dans la Gironde avec une escadre, attaqua les Bordelais, et les contraignit à sortir de la rivière. Ce revers força le sire de Montférant à capituler : ce Jean le Boursier était d'une naissance obscure, comme Bureau et Jacques Cœur; il rendit de grands services à Charles VII, qui l'éleva à de hautes dignités. Fronsac fut sommé d'ouvrir ses portes : on regardait cette ville comme la clef de la Guienne. Édouard III et ses successeurs y entretenaient une garnison de purs Anglais, sans

permettre qu'il y entrât de milice bordelaise.
L'officier commandant la place demanda quinze
jours, afin de mettre son honneur à couvert.
Ce délai, quoique long, lui fut accordé : Dunois usait d'indulgence afin de diminuer les
horreurs de la guerre. Il resta dans son camp,
devant Fronsac, envoya le sire de Chabannes
balayer les deux rives de la Dordogne et se
saisir des petits châteaux-forts qui la bordaient.
Bureau se porta devant Libourne et Saint-Émi-
lio; il les soumit en peu de jours. Fronsac se
rendit le 15 juin. Le général en chef, décidé à
marcher sur la capitale, rappela ces divers détachemens, et concentra devant Libourne toutes
ses forces, qui montèrent à près de 20,000
combattans, en y comprenant la division du
comte de Penthièvre, qui venait de prendre
Castillon. La nouvelle de ces rapides succès
porta la consternation dans Bordeaux, malgré
les efforts que les Anglais faisaient pour ras-
surer les habitans, en leur disant qu'un renfort
de 12,000 hommes venait de partir de Dou-
vres. Le comte de Longueville envoya deux hérauts sommer la ville; les Anglais et les Bordelais, leurs partisans, les forcèrent de se retirer
sans leur avoir donné de réponse. Le général
français fit monter 15,000 hommes dans des

navires préparés à cet effet, sans emmener les
chevaux, parce que leur embarquement aurait
demandé trop de temps. Il franchit le bec d'Am-
bez, et prit terre à deux lieues de Bordeaux. Il
envoya de nouveau sommer la ville; pour cette
fois les hérauts y entrèrent; ils s'acquittèrent
de leur mission : une cité riche et commerçante se défend rarement contre une armée. Les
Bordelais répondirent aux hérauts qu'ils étaient
prêts à se soumettre au roi de France, et que
le comte de Longueville n'avait qu'à envoyer des
commissaires pour régler les conditions. Dunois
choisit Jean Bureau et Pierre Briquet, bailli de
Mont-de-Marsan. « Nous prêtons serment de fidélité au roi de France, dirent les Bordelais;
mais nous demandons qu'en entrant dans nos
murs son lieutenant-général, le comte de Longueville, jure sur les évangiles, au nom de son
maître, de respecter nos lois, franchises, privi-
léges et coutumes; l'habitant qui ne voudra
pas prêter serment sera libre de se retirer avec
ses biens où bon lui semblera; on ne mettra
aucun nouvel impôt de nature à gêner le commerce, et surtout les marchands étrangers; il
sera établi, à Bordeaux, un parlement pour
toute la Guienne. » On voit que ces conditions
tendaient à consolider la prospérité de la ville.

Dunois, muni de pleins pouvoirs, les accepta toutes ; les Bordelais livrèrent sur-le-champ les forteresses de Blagnac et de Saint-Macaire. Les signataires de ce traité furent, d'une part, Bureau et Briquet, et de l'autre, le sire de Montférant, Gaillard, Jean de Lalande, Guillaume de Langeac. Le sire de Langoiran, premier baron bordelais, voulut faire un traité particulier ; il se rendit auprès de Charles VII, à Saint-Jean-d'Angéli, où ce prince était venu pour suivre les opérations de la guerre, et jura foi et hommage, en donnant pour caution cinq châteaux forts ; de son côté, le roi s'engagea à le conserver dans ses terres et revenus. Le captal du Buch, commandant la garnison anglaise de Bordeaux, n'imita point le sire de Langoiran : il était chevalier de l'ordre de la Jarretière, et ne croyait pas pouvoir violer le serment qu'il avait fait en recevant cette distinction ; il resta Anglais en se bannissant de son pays ; mais il y laissa ses enfans, et fit avec le roi de France une convention pour assurer à son petit-fils la jouissance entière de ses domaines, en le laissant sous la tutelle du comte de Foix. Il n'emporta que ses meubles, argenterie et joyaux, dont la vente produisit une somme considérable. Ce captal du Buch était Jean de Grailli, petit-fils, par la branche cadette, d'Archambaud de Grailli, devenu héritier de la maison de Foix par son mariage avec Isabelle, héritière de ce comté ; et il était également petit-neveu du fameux captal du Buch, vaincu par Duguesclin, et cousin-germain de ce même Gaston IV, allié du roi de France dans la présente guerre de Guienne; il épousa la fille de Guillaume de La Poll, duc de Suffolk. Henri VI avait donné en apanage à ce Jean de Grailli le comté de Longueville, que Charles VII donna plus tard au bâtard d'Orléans; Henri VI, voulant le dédommager, lui donna le comté de Candale, un des beaux domaines de l'Angleterre, dont ses descendans ont toujours conservé le titre.

Dunois arriva le 22 juin devant Bordeaux ; il s'arrêta devant ses portes ; il rangea son armée en bataille ; et, selon l'usage d'alors, il fit des chevaliers, comme si on allait livrer une action. Les jeunes sires de La Rochefoucault, de Rochechouart, de Fontenilles, de Montmorenci, de Bourdeilles, de Grancey, reçurent l'ordre dans cette circonstance.

Le premier jurat de la ville monta sur la plus haute tour du château de l'Ombrière, et cria trois fois : « Secours d'Angleterre pour ceux de Bordeaux!» L'écho seul du rivage ayant répondu, le maire baissa le pont-levis, et ouvrit les portes. Jean Bureau, nommé maire perpétuel, entra en fonctions aussitôt. L'armée rompit son ordre de bataille, et prit l'emplacement de ses bivouacs. Le lendemain Dunois fit son entrée solennelle, comme représentant le roi ; aussi était-il accompagné des princes du sang, des grands officiers de la couronne, des seigneurs et des bannerets : il montait un coursier blanc ; on portait devant lui la grande bannière de France, comme on en agissait pour le roi. Les Bordelais avaient demandé que les francs-archers n'entrassent pas dans la cité, alléguant que cette troupe n'était composée que de personnes non nobles et de petit lieu : observation bien singulière pour des gens la plupart marchands, et ne vivant tous que du trafic.

Le comte de Longueville descendit de cheval devant la porte de l'église Saint-André. L'archevêque le reçut, lui donna à baiser les reliques, et le conduisit par la main au maître-autel ; là, il lui fit jurer sur l'Évangile d'observer le traité conclu par Bureau, ce que le général français fit sans balancer. Les sires de Lesparre, de Duras, les seigneurs les plus considérables de la province, et les notables de la ville jurèrent d'être toujours loyaux et fidèles sujets du roi. Les Bordelais, qui remplissaient l'église, répétèrent ce serment avec un enthousiasme extrême, en étendant la main droite, et en criant ensuite : Vive le Roi ! Noël ! noël ! En sortant de l'église, le comte de Longueville alla prendre possession de la citadelle, où il mit garnison. Il monta lui-même sur la tour, en enleva la bannière d'Angleterre, et la remplaça par celle de France. Il fit publier dans son armée la défense la plus expresse de commettre la moindre violence ; plusieurs soldats ayant donné lieu à une rixe, dans laquelle un bourgeois, nommé Louvain, fut tué, il fit placer un gibet très-élevé sur la place du Chapeau Rouge, et, d'après ses ordres, cinq soldats, auteurs de ce crime, furent pendus. ( Hist. de Guienne, t. 2, p. 129. )

Après la soumission de Bordeaux, les comtes de Nevers, de Vendôme, d'Armagnac, quittèrent l'armée avec leur suite, et se retirèrent dans leurs domaines. Dunois continua la guerre ; il désirait clore la campagne par la prise de Bayonne, qui n'avait voulu écouter aucune proposition. La situation de cette ville, au confluent de deux rivières, près de la mer, et sur les frontières d'Espagne, la rendait extrêmement importante ; les Anglais y avaient placé une garnison composée de soldats d'élite, et pour gouverneur le frère du roi de Navarre, le sire de Beaumont, banneret extrêmement dévoué à leurs intérêts. La cour d'Angleterre avait gagné l'affection des habitans par le soin qu'elle mettait à ne point entraver leur commerce. Les Bayonnais se montraient très-résolus; ils traitèrent avec mépris les Bordelais qui n'avaient fait aucune résistance; ils repoussèrent durement le héraut envoyé par Dunois. Ce général ne donna que deux jours de repos à ses troupes, et se mit en marche avec 10,000 hommes et le maréchal de Culant, de Lohéac, les sires de Chabannes, d'Orval, de Noailles, de La Rochefoucaud et de Rochechouart : Bureau le suivit avec son parc. L'armée eut beaucoup de peine à traverser les grandes Landes, les chevaux, et l'artillerie surtout, ne marchaient que très-difficilement, au milieu de ces plaines de sables où l'on ne voyait la trace d'aucune route. Le comte de Longueville se mit bientôt en communication avec le comte de Foix, Gaston IV, qui, ayant voué une haine mortelle aux Anglais, s'était prononcé hautement pour la France, et combattait pour elle depuis six ans, à la tête de 5,000 soldats pris dans ses domaines. Il s'était rendu maître de Dax, ville très-bien fortifiée. Aspirant à s'illustrer par un fait éclatant, il tenta de prendre Bayonne de vive force, mais il échoua,

n'ayant pas les forces nécessaires pour une pareille entreprise; il changea le siège en blocus,
empêchant les vivres d'entrer dans la place.
Apprenant la soumission de Bordeaux, et le
mouvement de Dunois sur Bayonne, il rassembla
ses détachemens et les concentra sur un seul
point, en face du faubourg Saint-Léon, du côté
de la Nive, laissant totalement libre le côté par
où venait Dunois. Les Anglais, voyant qu'ils ne
pouvaient défendre le faubourg Saint-Léon, y
mirent le feu, et se retirèrent dans la ville. Le
comte de Foix travailla long-temps à éteindre
l'incendie, logea sa troupe dans les débris encore fumans, et se plaça de sa personne dans
l'église Saint-Augustin, que la flamme n'a-
vait pas atteinte. Le sire de Beaumont forma
le projet de faire une sortie générale pour accabler le comte de Foix dans les faubourgs. En
effet, il déboucha au point du jour par la porte
de Mer; mais Bernard d'Armagnac, lieutenant
du comte de Foix, chargé de défendre ce point,
l'arrêta, le contint deux heures, lui tua 300
hommes et le contraignit à rentrer. Beaumont
disposait une seconde sortie pour venger le
revers de la veille, lorsque les premiers coureurs de l'armée française lui apprirent l'approche
du comte de Longueville. Ce général parut le 10

août au couvent Saint-Esprit, situé à l'opposite des Augustins. Il se trouvait séparé de Gaston par l'Adour et la Nive; il étendit ses quartiers, et ordonna à Bureau de mettre sur-le-champ son artillerie en batterie. On portait les canons sur les chariots; il fallait beaucoup de temps pour les placer sur leurs affûts. A la vue de cette ligne de machines meurtrières, dont la renommée augmentait encore les effets, les habitans sentirent évanouir leur résolution; ils demandèrent à parlementer malgré Beaumont, qui voulait se défendre jusqu'à l'extrémité. Dunois fit cesser le feu, et accorda une trève de trois jours pour régler les conditions de la capitulation. Dans cet intervalle, un chevalier français, nommé Martin Grazié, s'étant approché de la muraille pour lier conversation avec des habitans placés aux créneaux, fut tué d'un coup de couleuvrine que tira un canonnier anglais, sans avoir reçu d'ordre. Indigné de cette infraction, Dunois imposa des conditions plus dures: il exigea que les Anglais se rendissent à discrétion, et surtout que le canonnier lui fût livré; de plus il taxa la ville à une amende de 40,000 écus. Ceci mit l'agitation parmi les habitans, qui accusèrent les Anglais d'être la cause de cette rigueur. Un soulèvement général eut lieu; mais Beaumont sut l'arrêter à l'aide de ses partisans. Cette journée se passa dans la fermentation. Le lendemain vers midi, l'horizon étant éclairée par un soleil brillant, plusieurs nuages vinrent s'amonceler au-dessus de la ville; les habitans fixèrent ces nuages, et crurent y voir une grande croix dont la tête était surmontée d'un lis semblable à la croix blanche qui partageait la bannière de France. Le peuple se réunit dans les rues, on cria au prodige : « Il plaît à Dieu que nous soyons Français, » disait-on. Les bourgeois se précipitèrent vers les remparts, en arrachèrent l'étendard d'Angleterre, et l'on y arbora celui de France orné de la croix blanche.

Le lendemain, 21, les portes furent ouvertes. Beaumont obtint de sortir avec les siens. Le comte de Foix entra, à 10 heures du matin, par la porte de Léon, pendant que Dunois débouchait par celle du Saint-Esprit. Ce dernier s'arrêta au portail, et, usant du droit du souverain, il fit armer chevaliers en sa présence Jamet de Saveuse, Montgeron, le sire de Boursay. Les deux généraux, se dirigeant vers la cathédrale, se rencontrèrent à la porte, entrèrent ensemble dans l'église, et firent leurs dévotions au maître-autel. Le comte de Foix, prince fastueux, donna à la chapelle de la sainte Vierge la couverture de son cheval, faite de drap d'or, et estimée

5oo écus : c'était un présent de Charles VII. Dunois envoya au roi le serment de fidélité des
Bayonnais, et une espèce de procès-verbal du
miracle de l'apparition de la croix. « De cette mer-
veille j'ai fait ici le récit, dit l'historien Mathieu
de Couci ( page 6ı8 ), selon la copie d'une certification de ce faisant mention qui m'a été
envoyée; laquelle certification, ledit comte de
Dunois avait envoyée au roi Charles, signée de
sa main, et scellée de son scel, armoyrié de ses
armes, et ainsi signée, *le Bâtard d'Orléans.*»

La prise de Bayonne compléta la conquête de
la Guienne. L'Angleterre épuisée par une longue
guerre, occupée de ses dissensions, ne prit aucune disposition pour défendre ces provinces,
dont l'acquisition lui avait coûté plusieurs siècles
de travaux : il faut avouer que la célérité du
comte de Longueville ne lui laissa pas le temps
de pourvoir à la défense de ce pays. La campagne
ne fut point meurtrière. Dunois agit en vrai
général qui dirige les grands mouvemens et
dédaigne de se jeter dans la mêlée. Son plan fut
de couvrir la province de détachemens nombreux; il les dirigea avec beaucoup d'habileté,
en les faisant concourir tous ensemble au résultat principal. Il agit aussi en politique, car il
fit observer à ses soldats, dans les provinces con-

quises, une discipline très-sévère, agissant en
cela bien différemment des autres partisans de
Charles VII; car avant l'arrivée de Dunois,
ceux-ci se livraient à des excès dont rien ne pouvait arrêter le débordement. Les soldats anglais,
plus soumis, furent mieux contenus; les Français, indociles, méconnaissant les ordres des
chefs, dévastaient, gaspillaient, sans néanmoins
verser le sang, car ils ne l'aimaient pas. Il arriva
que les populations entières se sauvaient à l'approche de ceux-ci, et accueillaient avec transport leurs adversaires, ce qui procura à ces
derniers plus de partisans que n'auraient fait
des victoires signalées. Mais le Bâtard agit différemment : rendant hommage à une vérité qu'il
avait lui-même long-temps méconnue, il déploya
un zèle extrême pour arrêter les dévastations.
Usant de modération vis-à-vis les gens en armes,
il offrit toujours le premier des conditions honorables aux garnisons des petites places; il les
réduisit ainsi toutes. S'il acquit moins de gloire
militaire en employant ce moyen, du moins arri-
va-t-il aux mêmes résultats sans avoir fait gémir
l'humanité. Il faut dire, à la gloire de Charles VII,
que ce prince traça lui-même la conduite que
Dunois devait tenir dans le cours de cette guerre.
« Le roi, dans sa bénignité, voulait toujours

qu'on mît les villes à composition, afin d'obvier et prévenir l'effusion du sang humain, et la destruction de son pays même et du peuple qui était enclos dans lesdites forteresses. »

# LIVRE VI.

Soulèvement de la Guienne. — Dunois réduit une seconde fois cette province. — Mort de Talbot. — Procès de Jacques Cœur. — Mort de Charles VII. — Dunois préside à la cérémonie des funérailles.

D'après les ordres du roi, le comte de Longueville laissa peu de troupes dans les villes de la Guienne, afin de ne pas blesser les habitans par un air de défiance ; il ramena son armée de Bayonne à Bordeaux, où il reçut de nouvelles protestations de fidélité. D'après son invitation, les bannerets et les grands seigneurs rentrèrent dans leurs domaines, emmenant les nobles de leur suite, et lui-même conduisit les troupes soldées, les gens d'armes et francs-archers, vers la Loire et vers la Seine, car on avait désigné pour leurs garnisons les villes qui se trouvent sur la ligne de ces deux fleuves. Il se rendit en Poitou pour complimenter Charles VII. Ce prince le reçut dans le château de Taillebourg ; il le combla de caresses, lui prodigua des honneurs excessifs. C'est à ce moment qu'il faut

mettre l'époque du décret de Charles VII qui
déclare le comte de Longueville prince du sang
légitime, et apte, ainsi que sa lignée masculine,
à succéder au trône, si toutes les autres branches de la famille royale s'éteignaient (1). Le
monarque se plut encore à le décorer du titre
pompeux de *restaurateur de la monarchie.* Mais
dans le moment où il comblait des témoignages
de sa faveur un des hommes qui avaient le plus
contribué à relever le trône, il accablait du
poids de sa disgrace un autre qui avait rendu
des services égaux, en leur genre, à ceux de
Richemont, de Dunois, de La Hire et de Xaintrailles : nous voulons parler de Jacques Cœur,
que l'on amena prisonnier au château de Taillebourg, le jour même où Dunois arrivait dans
cette ville. Jacques Cœur, né à Bourges, avait
amassé une fortune prodigieuse, qu'il consacra au
service de son pays, comme nous l'avons dit ; il
avait des talens fort étendus en administration,
et un esprit plus cultivé que nul autre de cette
époque ; mais cet esprit ne le garantit pas des

(1) Il est incontestable que Dunois fut légitimé : aucun
historien ne le met en doute, mais on n'est point invaria-
blement fixé sur l'époque ; car on n'a jamais pu retrouver
dans les actes publics de Charles VII celui qui concerne ce
guerrier.

travers de l'amour-propre : il étala un faste royal; sa maison était aussi nombreuse que celle du souverain, et comme, dans ce siècle, il n'y avait pas de grandeur hors les armes, il eut, dans un âge avancé, le ridicule, ou plutôt la faiblesse, d'aspirer à la renommée militaire sans avoir jamais combattu : il suivait les armées dans les grandes expéditions, et, comme son argent servait à payer aux gens de guerre la solde, sans laquelle ils n'auraient pas gardé leur rang un seul jour, il s'imagina égaler en mérite Dunois et les autres généraux : il resta convaincu qu'il avait contribué autant qu'eux à la conquête de la Normandie. Sa prétention était au fond bien fondée sur le dernier point; mais comme il publiait hautement cette prétention, il la rendit intolérable aux bannerets, qui mettaient le courage au-dessus de tous les autres genres de mérite. La faveur du maître le mit longtemps à l'abri de leur fureur jalouse; mais une circonstance assez futile augmenta le nombre de ses envieux. A l'entrée de Charles VII dans Rouen, Jacques Cœur faisait partie du cortège en qualité d'argentier, charge qui emportait la qualification d'officier du roi; il mit une affectation étudiée à paraître dans un ajustement semblable à celui de Dunois : même cheval, même housse; le chaperon, la robe, l'épée, le corset d'acier, les cuissarts, les jambières, furent faites sur le même modèle. Les barons s'indignèrent de voir un homme *d'un petit lieu, trafiquant en marchandises*, paraître en public dans la même tenue qu'un guerrier blanchi dans les combats, élevé au-dessus de ses compagnons d'armes par ses talens et son courage. Les ennemis personnels de Jacques Cœur profitèrent de l'indignation publique pour former contre lui une puissante cabale, à la tête de laquelle l'on vit les seigneurs qui avaient accepté de lui, à titre de prêt, des sommes considérables, car Jacques Cœur, autant par bonté naturelle que par faste, donnait de l'argent à une infinité de gens. Il reste une liste de ces personnes; on y trouve le nom de plusieurs prélats, des princes du sang, des chevaliers, des marchands et même des plus petits artisans. Les plus acharnés contre lui furent les sires de Chabannes, de Cadillac et Jean de La Fayette, fils du maréchal; tous trois étaient débiteurs de Jacques Cœur pour de fortes sommes. Les historiens contemporains leur reprochent d'avoir voulu se libérer de leurs dettes en consommant la ruine de celui qui venait de les obliger.

Ces seigneurs l'accusèrent d'abord d'avoir hâté

par le poison le trépas d'Agnès Sorel, morte en couches. Ils se servirent à cet effet de la déposition d'une femme perdue de mœurs. Cette accusation fut reconnue calomnieuse; quelque temps après la femme se rétracta sans y être engagée. D'ailleurs, Agnès Sorel avait nommé son prétendu assassin, l'un de ses exécuteurs testamentaires. Cependant, avant que la vérité parût évidente sur ce point, Charles VII, d'une faiblesse de caractère inconcevable, se laissa prévenir, chassa de sa présence Jacques Cœur, et le fit jeter dans un cachot. Les ennemis de l'argentier profitèrent de cette détention pour lui imputer d'autres griefs. Ils l'accusèrent d'avoir malversé dans la recette des deniers publics ; Jacques Cœur montra ses comptes, tous parfaitement en règle. Ils lui reprochèrent d'avoir pressuré le Languedoc, *et d'avoir mis ainsi les habitans de cette province en haine pour le gouvernement du roi;* il répondit à cette inculpation en produisant des attestations des magistrats du Languedoc, qui prouvaient au contraire que sa douceur dans la perception des impôts avait fait bénir le nom du prince. Enfin, on lui fit un crime d'avoir vendu des armes aux musulmans de l'Orient; il exhiba un bref du pape, qui lui avait permis ce trafic avec les Sarrasins, sous des considérations d'utilité publique. Malgré les preuves de son innocence sur tous les points, il fut mis en accusation. Le roi nomma des commissaires pour instruire et juger l'affaire, et désigna précisément à cet effet les ennemis personnels de Jacques Cœur : Chabannes, Cadillac, La Fayette. Cette procédure fut la honte du règne de Charles VII; on y viola toutes les formes de justice; on traîna l'accusé de prison en prison, on offrit même à ses regards le terrible appareil de la question, pour le forcer de s'avouer coupable. A cette vue, le courage abandonna Jacques Cœur : il convint de tout pour échapper aux tortures. Son fils, archevêque de Bourges, fit preuve du zèle le plus ardent dans la défense de son père; mais, le croirait-on? il ne put jamais parvenir jusqu'à la personne du roi, pour l'éclairer et lui montrer les preuves de l'innocence de l'accusé; Charles VII persistait dans ses préventions. Au moment du prononcé du jugement, l'archevêque de Lyon et beaucoup d'autres prélats réunis au concile provincial réclamèrent Jacques Cœur, comme relevant d'un tribunal ecclésiastique, en qualité de clerc tonsuré : il l'était effectivement, quoique marié; l'Église donnait alors de ces licences On appela en témoignage contre cette déclaration quelques barbiers qui avaient rasé plusieurs fois Jacques

Cœur; ces hommes jurèrent sur l'évangile qu'il n'avait jamais demandé qu'on lui fît la tonsure; sur cette simple déclaration, le tribunal ecclésiastique fut débouté de sa demande. Enfin, après deux ans de longueurs, qui attestaient davantage la difficulté où l'on était de se décider, on prononça le jugement d'après lequel Jacques Cœur fut condamné à mort, et ses biens confisqués au profit de l'État. Charles VII n'eut point le courage de sanctionner l'arrêt de mort; peut-être qu'au moment de prononcer sur le sort de cet infortuné il se rappela le temps malheureux où ce marchand de Bourges l'avait recueilli sous son toit, l'avait fait subsister pendant trois ans avec toute sa famille, en fournissant généreusement à ses premiers besoins. Le roi commua la peine de mort en une amende honorable et en la réclusion perpétuelle, mais il maintint la confiscation des biens du condamné. Chabannes et ses amis eurent une partie de cette riche proie.

Jacques Cœur, un des hommes les plus remarquables de cette époque, mourut trois ans après. Ses enfans avaient obtenu qu'il fût placé dans un monastère de Beaucaire, sous la garde des religieux; il s'évada à l'aide de plusieurs de ses anciens facteurs. Il passa dans le comtat Venaissin, et puis se rendit à Rome, où le pape

16.

Nicolas V l'accueillit comme s'il eût été dans la plénitude de la faveur. Jacques Cœur appela auprès de sa personne tous ses anciens facteurs disséminés dans l'Italie, dans la Provence et dans le Levant; ces gens, qui tenaient de lui leur fortune, accoururent auprès de leur ancien maître, et l'aidèrent à recueillir quelques débris de son immense fortune. Il retrouva quelques-uns de ses navires qui revenaient des Indes, car il continuait le trafic, quoiqu'il fût un des premiers officiers de la couronne. Il se trouva à même de prêter encore de l'argent au pape Nicolas V. Ce pontife, après avoir vainement sollicité les princes chrétiens de s'armer pour arrêter les progrès des Turcs, qui assiégeaient Constantinople, forma lui-même l'entreprise, dans le but de mettre les îles de Chypre et de Chio à l'abri des attaques des barbares. L'expédition sortit du port d'Ostie au commencement de 1456. Quoique très-vieux et affaibli par la persécution, Jacques Cœur voulut commander une portion de l'escadre. Il relâcha à Chio où il tomba malade, et fut enterré dans l'église cathédrale. On voyait encore son épitaphe en 1520. Nous renvoyons à la notice de M. Bonami, insérée dans le XXII<sup>e</sup> volume des Recueils de l'Académie des Inscriptions, les lecteurs qui voudraient voir les détails curieux du procès de Jacques Cœur.

Les noms de beaucoup de personnages illustres de l'époque furent compromis dans ces malheureux débats; mais on n'y trouve pas celui de Dunois, quoique les persécuteurs de l'argentier fussent ou les amis ou les parens du comte de Longueville. Ainsi, l'on ignore s'il eut part aux dépouilles de Jacques Cœur, comme il avait eu part à celles de Xançois. Au reste, Jacques Cœur fut vengé avant même que l'on mît ce jugement à exécution. Au moment où Charles VII, enivré de joie après la soumission de la Guienne, allait goûter ce repos dans lequel il trouvait tant de charmes, le sort lui suscita des embarras de nature à changer en revers les succès qu'il venait d'obtenir. D'abord Louis son fils, retiré depuis long-temps en Dauphiné, où il régnait en souverain, conspira ouvertement contre l'autorité paternelle, après avoir méconnu, comme vassal, celle du suzerain. Il attira auprès de lui tous les seigneurs mécontens; il essaya même d'entraîner ceux dont le zèle était le plus éprouvé. Il voulut faire valoir auprès de Dunois l'ancienne amitié qui les avait unis. Il se reconnaissait pour son élève, car c'est sous ses yeux, au siège de Dieppe, qu'il avait combattu pour la première fois. Le comte de Longueville repoussa ces avances avec indignation, et resta fidèle à son devoir. Le dauphin mit le comble à sa rébellion, en recherchant, contre la volonté de son père, l'alliance de la Savoie. Il demanda la main d'Yolande, fille de Louis, souverain de ce pays. Le dauphin, manquant d'argent, n'avait fait la demande en mariage que pour s'en procurer ; car le duc de Savoie, fier de placer sa fille sur le trône de France, offrait de payer comptant les 200,000 écus de dot, quoique l'union ne pût être consommée, puisque Yolande avait à peine neuf ans. Charles VII, qui avait en vue une alliance plus digne de l'héritier de sa couronne, protesta contre celle-ci, en déclarant qu'il n'y donnerait jamais son consentement. Le dauphin brava le courroux de son père, et fut soutenu par le duc de Savoie. Charles VII, indigné, résolut de recourir à la force des armes pour faire respecter son autorité. Il ordonna à Dunois, son lieutenant-général, de rassembler dans le Forez l'armée soldée, en annonçant l'intention de la commander lui-même. Le comte de Longueville obéit ; dans l'espace d'un mois, 25,000 hommes furent réunis, et se trouvèrent en état de marcher au premier ordre. Le roi se rendit à Lyon, où Dunois venait d'établir son quartier-général. On y concerta le plan de la campagne, dont le résultat de-

vait être l'occupation du Dauphiné et la conquête
de la Savoie. L'armée se mit en mouvement le
20 octobre 1452. La colonne d'avant-garde,
sous les ordres du comte de Longueville, avait
dépassé Vienne, lorsque l'on reçut la nouvelle
du soulèvement de la Guienne.

Pour payer les frais de la dernière expédition,
frais bien positifs, puisque l'on acquittait régu-
lièrement chaque mois la solde des troupes, il
avait fallu anticiper sur la levée des impôts. On
comprit naturellement dans la taille suivante la
Guienne, pays riche qui n'avait pas autant souffert de la guerre que les provinces de France.
Les Bordelais, accoutumés à ne payer à l'Angleterre qu'une taxe fort légère, réglée même par
leurs propres états, se récrièrent; on fut obligé
de recourir à des moyens coercitifs. Les habitans murmurèrent hautement, et manifestèrent
leurs regrets d'avoir changé de domination. Les
bannerets montrèrent encore plus d'humeur que
le peuple; car, en devenant Français, ils avaient
contracté l'obligation de se conformer au changement apporté dans les rapports des nobles
avec le souverain, et ces changemens s'étaient
faits dans l'intérêt de l'autorité royale. Les seigneurs aquitains, voyant le mécontentement du
peuple et de la bourgeoisie, résolurent d'en

profiter pour secouer le joug de la France et remettre leur pays sous la domination anglaise. Le complot se forma dans le plus grand secret, et son exécution fut confiée à lord Talbot. Ce général s'embarqua sur-le-champ, emmenant 1,000 nobles. Son fils, le comte de Lisle, devait le suivre avec 7,000 combattans; il mit à la voile le 16 octobre 1452, à peu près le même jour que Dunois pénétrait dans le Dauphiné à la tête de l'avant-garde de Charles VII. Favorisé par le vent, Talbot entra dans la rivière de Bordeaux le 21. Il rallia sa flotte au cap de Soulac, et débarqua auprès de la petite ville d'Enchises, où il entra sans difficulté; il n'avait, pour arriver à la capitale de la Guienne, qu'à traverser une langue de terre resserrée entre la mer et la Gironde, et appartenant en grande partie au sire de l'Esparre, le principal conjuré. Castelnau et deux ou trois autres petites places dans le Médoc avaient garnison; il s'en empara sans beaucoup de difficulté. Partout l'habitant se prononçait en sa faveur; il marcha rapidement sur Bordeaux. L'amiral Coëtivi, gouverneur de cette ville, manquait de troupes; il comptait sur les bourgeois, qui ne cessaient de lui faire des protestations de fidélité. Il prit des mesures pour se défendre au milieu de la ville, sans chercher un refuge dans la citadelle; mais, à un signal convenu, l'insurrection se déclara sur tous les points, le 24 octobre; pendant que l'amiral, indigné de cette perfidie, ralliait ses gens et gagnait en bon ordre le chemin du château de l'Ombrière, Talbot entrait par la porte des Chartreux, qu'on lui avait livrée. Les habitans les plus sages voulaient qu'on laissât Coëtivi libre de se retirer avec sa garnison sur les terres de France; mais, dans un moment d'effervescence, écoute-t-on la voix de la raison? On coupa la retraite aux Français; l'amiral n'eut que le choix de se faire massacrer avec ses soldats ou de mettre bas les armes; il choisit le dernier partit. Talbot l'envoya prisonnier à Londres. Peu de jours après l'entrée du général anglais dans Bordeaux, le comte de Lisle y arriva avec 7,000 combattans, et une flotte de 80 navires chargés de provisions. Talbot sortit à la tête de toutes ses forces, se répandit dans le Bordelais, et occupa sans difficulté ce plat pays. Les villes fortifiées dans lesquelles un petit nombre de soldats français tenaient garnison opposèrent de la résistance; mais il les réduisit facilement; il franchit ensuite les deux rivières, prit Fronsac, et puis Castillon, qui lui ouvrait l'entrée du Périgord. Blaye et les autres villes bordant les rives de la Dordogne arborèrent l'étendard de l'Angleterre, à l'exception de Bourg, qui resta fidèle à la France. L'hiver empêcha Talbot de pousser plus loin ses conquêtes; il rentra dans Bordeaux, où de nouveaux renforts devaient venir le joindre au printemps suivant. La nouvelle de cette insurrection étonna Charles et son conseil, sans cependant les effrayer. Pendant que le dauphin se révoltait, que la Guienne se jetait dans les bras de Henri VI, que l'Angleterre essayait d'agiter la Normandie, l'on apprit que le duc de Bourgogne élevait des prétentions ridicules sur la Picardie, en menaçant le roi de France d'une seconde rupture. Cette réunion de circonstances difficiles pouvait jeter une seconde fois le royaume dans le chaos de malheurs d'où la Providence l'avait tirée miraculeusement. Charles VII conjura cet orage avec une sagacité merveilleuse; et, comme Dunois jouissait exclusivement de sa confiance, l'on peut croire qu'il eut beaucoup de part au succès. Le roi commença par suspendre la marche des troupes qui avaient dépassé Vienne, et, selon sa coutume, il assembla extraordinairement à Lyon son conseil, auquel il appela les gens les plus sages de sa cour. Pendant que l'on y discutait les divers moyens proposés pour faire face aux dangers qui menaçaient l'État, on vit arriver un chevalier de l'hôtel du dauphin, qui venait offrir au roi, de la part de son maître, d'unir ses forces à celles du souverain pour repousser·l'ennemi commun et le chasser de la Guienne. Ce message causa une surprise générale. Charles VII répondit froidement : « Je n'ai besoin d'aucun secours étranger ' pour faire rentrer les rebelles dans le devoir, et je serai toujours en position de les châtier, quels qu'ils soient. » Le dauphin reçut avec dépit cette fière réponse ; il la regarda comme l'ouvrage de Dunois, et pour s'en venger il confisqua à son profit la terre de Vaubonnois, que le comte de Longueville possédait depuis vingt ans.

Cependant, après avoir mûrement réfléchi sur les circonstances présentes, le roi sacrifia son ressentiment, son amour-propre même au bien public. Il donna son consentement au mariage de son fils avec Yolande, et chargea spécialement Louis de Savoie, père de la jeune princesse, d'user de tous ses nouveaux droits pour contenir le dauphin dans le devoir ; il envoya ensuite son avant-garde vers la Dordogne, sous le commandement de Lohéac et de Joachim Rouault, se préparant à les suivre en personne avec le gros de l'armée. Le comte de Longueville fut nommé extraordinairement lieutenant-général pour le roi en Normandie, quoique le comte de Richemont fût depuis trois ans, gouverneur de cette province ; mais les affaires de Bretagne retenaient toujours le connétable hors de son gouvernement. Dunois s'y rendit à marches forcées avec une division de 4,000 hommes ; il traversa rapidement la France, se montra dans Paris avec tout l'appareil du représentant du roi, afin de frapper les esprits et de réchauffer le zèle de la capitale, où Charles VII n'avait pas paru depuis plusieurs années. Le comte de Longueville arriva à Rouen au moment où on le croyait au fond de la Guienne ; il reçut dans cette ville l'accueil le plus touchant ; l'empressement des habitans lui prouva qu'ils n'étaient point de caractère à imiter la conduite des volages Bordelais ; il parcourut toutes les côtes, afin de les mettre à l'abri d'une insulte. Quelques navires se montrèrent devant Dieppe et Harfleur, mais ils se retirèrent lorsqu'ils virent les préparatifs de défense. Dévoré du désir de la gloire, indigné d'être réduit à l'inaction, pendant que les autres généraux se battaient dans l'Aquitaine contre Talbot, Dunois forma l'audacieux projet de faire une descente en Angleterre, comme les troupes de Henri VI venaient d'en faire une en Guienne. Entièrement occupé de cette idée, il réunit dans les ports de la Normandie une grande quantité de navires ; les matelots normands s'offrirent de le seconder. Une partie des préparatifs était achevée, lorsque Charles VII lui envoya l'ordre d'ajourner l'exécution de ce projet. La Guienne venait d'être reconquise une seconde fois ; une seule bataille avait décidé de la querelle : cette bataille fut livrée le 13 juillet 1453, sous les murs de Castillon. Le grand Talbot, trahi par la fortune, y trouva, à l'âge de quatre - vingts ans, le terme de sa glorieuse carrière ; il fut tué avec ses deux fils. L'Angleterre perdit en lui l'un des plus grands guerriers qu'elle ait jamais eus. Ce trépas fut pour les Anglais le signal des plus grands revers ; ils furent repoussés devant Bayonne, et battus sous les murs d'Auch : il est à remarquer qu'ils échouèrent dans toutes leurs attaques contre la capitale de la Gascogne, et notamment au commencement de ce siècle : ils essayèrent en 1400 d'enlever cette ville, espérant par cette conquête se rendre maîtres de tout le pays, mais Odet Ducos, sire de La Hitte, gouverneur de la place, rendit inutile tous leurs efforts et les obligea de se retirer après avoir perdu beaucoup de monde.

Quoique vainqueur, Charles VII ne trouvait

point de charmes dans la guerre; il envoya
l'ordre à Dunois de suspendre son projet de
descente, en lui annonçant qu'il le destinait au
contraire à une ambassade, dont le but serait de
conclure avec Henri VI une trève de longue
durée; mais, ne voulant pas montrer trop d'empressement, il fit faire indirectement les premières ouvertures par le Saint-Siège. On croirait
que l'Angleterre, agitée par les factions, épuisée
d'hommes, essuyant chaque jour quelque nouvel échec, accueillit avec transport les propositions de paix; il n'en fut pas ainsi : elle les repoussa violemment; sa fierté se révoltait à l'idée
de fléchir devant des vainqueurs. Dans l'impuissance de lancer sur sa rivale de nouvelles armées, elle ne s'occupa qu'à lui susciter des entraves, en fomentant des troubles au sein des
provinces. Sa haine fut tellement puissante
qu'elle produisit des effets surnaturels, car l'Angleterre, ne possédant plus sur le continent des
Gaules que la seule ville de Calais, causa plus
d'embarras à Charles VII que du temps où elle
inondait de ses soldats la Picardie, la Normandie,
l'Ile-de-France et la Guienne. Ni les discordes
civiles, ni les malheurs publics, ni la fureur
des deux factions de la rose rouge et de la rose
blanche, ne ralentirent cette haine; chaque

parti, tour à tour vainqueur, suivait la même politique, renfermée dans cette seule phrase : *nuire à la France*. Les Anglais de toutes les opinions étaient d'accord sur ce point ; ils savaient par expérience que les rois de France trouvaient parmi leurs plus proches parens les plus mortels ennemis; ils étudièrent le caractère du duc d'Alençon, et jugèrent qu'il pourrait servir leurs desseins : ils employèrent à cet effet un prêtre nommé Thomas Gillet, confesseur de ce seigneur, et qui avait sur son esprit un très-grand crédit. Le duc d'Alençon descendait de Pierre, cinquième fils de saint Louis ; dans sa jeunesse, il fut surnommé *le beau* ; on aurait pu bientôt après ajouter *le brave* et *le loyal* ; il défendit la cause de Charles VII avec un dévouement qui servit d'exemple aux autres seigneurs. Fait prisonnier à la bataille de Verneuil, il recouvra sa liberté en payant une rançon d'un prix excessif ; il ne cessa de donner les marques les plus éclatantes de valeur ; il contribua puissamment au gain de la bataille de Patay, et se trouva à tous les sièges marquans, à tous les combats meurtriers qui se livrèrent jusqu'à l'expulsion de l'étranger; mais, par une inconséquence aussi bizarre que criminelle, il devint le partisan secret de ces Anglais qu'il avait combattus pendant vingt ans. Sous prétexte que Charles VII ne reconnaissait pas assez bien ses services, il fit avec eux un traité, d'après lequel, au mépris de sa qualité de prince du sang et de pair de France, il s'engageait à livrer les places fortes qu'il aurait en sa possession, et surtout plusieurs ports sur les côtes de la Normandie, et à protéger leur débarquement, en se joignant à eux avec 10,000 hommes levés dans ses domaines, ou enrôlés en son nom.

Enfin, pour sceller cette honteuse alliance, il promit sa fille Catherine au comte de la Marche, fils aîné du duc d'York. Mais ce complot fut découvert par le même confesseur dont les perfides conseils avaient égaré le duc d'Alençon. Cet homme pervers livra aux gens du roi la correspondance de son maître (1). Charles VII se trouvait alors en Bourbonnais ; il hésita quelque

(1) L'infâme Thomas Gillet finit misérablement : ayant abandonné le duc d'Alençon après l'avoir trahi, il erra quelque temps dans la Normandie, enfin il voulut revoir sa ville natale, mais à peine eut-il paru dans les rues de Domfront, que le peuple s'ameuta contre lui et le pendit, malgré les efforts que firent les magistrats pour le sauver. On croit que ce fut cette circonstance qui donna lieu à ce proverbe : *Domfront, ville de malheu ; arrivé à une heure, pendu à deux : pas seulement le temps de dîner.*

temps a faire saisir le coupable. L'arrestation d'un prince du sang, jouissant de beaucoup de faveur dans le public, n'était pas à cette époque une chose facile, surtout au milieu de Paris, dont la population se montra de tout temps disposée à favoriser les grands soulevés contre l'autorité royale. Charles VII eut l'heureuse idée de n'employer en cette occasion que des personnes d'un rang égal à celui du rebelle, et comme lui environnées de l'estime générale. D'après ses ordres, Dunois se transporta auprès de Paris, entra au bout de quelques jours dans cette ville, avec l'intention de s'assurer de la personne du prince, et de le conduire à Montargis, où il devait être interrogé devant son oncle, Arthur de Richemont, reconnu depuis peu duc de Bretagne. Dans ce moment, Paris était fort occupé des démêlés élevés entre l'université et les ordres mendians, aussi l'arrivée de Dunois y fut-elle peu remarquée. Ce général se présenta le 15 mai 1456 à la porte de la Bastille avec 600 hommes; il logea dans cette forteresse. Deux jours après, il ordonna à ses officiers de faire entrer la moitié de ses troupes dans la ville, par petits pelotons de 6 à 8 hommes, et de les réunir le lendemain, vers les quatre heures du soir, autour de l'hôtel d'Alençon, situé dans le Marais, dans le même lieu où se trouve aujourd'hui la Force. En même temps, il communiqua au prévôt de Paris les ordres du roi, pour qu'il le secondât si le cas l'exigeait. A l'heure convenue, il se rendit de sa personne chez le duc comme pour lui rendre visite, accompagné seulement de Cousinot, bailli de Rouen. Après un échange de politesses, la conversation s'établit sur des choses indifférentes ; Dunois s'approchait quelquefois de la fenêtre pour s'assurer si ses gens étaient arrivés ; les voyant tous rangés devant le mur, il s'écria, en élevant la voix : « Monseigneur, pardonnez-le-moi : le roi m'a envoyé devant vous, et m'a baillé charge de vous saisir ; je ne sais proprement les causes pourquoi. » Lui mettant ensuite la main sur l'épaule, il continua : « Et pour lui obéir, je vous fais prisonnier. » Le duc étonné n'eut pas le temps de se mettre en défense ; son appartement se remplit aussitôt des gens du Bâtard, qui ordonna aux varlets du duc de seller sur-le-champ les chevaux de leur maître ; il força le prisonnier à monter un de ses destriers, et le conduisit rapidement hors la porte Saint-Antoine, où il trouva le reste de son détachement. Il se mit en marche sur-le-champ pour Melun ; il y rencontra Arthur de Richemont. Selon les ordres

du roi, ce prince procéda aux premiers inter-
rogatoires. Il le fit avec bonté, mais le duc ne
voulut rien répondre, quoique ce fût son oncle :
« Je veux, s'écria-t-il, dire mon fait au roi
seul. » L'instruction du procès se fit avec solennité devant les pairs de France, réunis à cet effet
dans la ville de Beaugenci. C'était la première fois
que cette haute-cour jugeait un prince du sang
présent ; ceux qu'elle avait jugés à différentes épo-
ques étaient contumaces. Le roi siégea dans ce tribunal ; Dunois y prit place, et s'assit aux pieds
de Charles VII, comme grand chambellan, mais
il ne fut pas au nombre des juges, n'étant point
pair de France.

L'instruction dura fort long-temps ; enfin, le
jugement fut prononcé le 10 octobre 1458 à
Vendôme, où les pairs et le parlement avaient
été transférés. Jean-le-Beau, duc d'Alençon, fut
condamné à mort. Le sort d'un prince dont
la vie avait été jusqu'alors consacrée à la
défense de la patrie intéressa tout le monde.
Dunois fut un de ceux dont les sollicitations
contribuèrent le plus à sauver le coupable ;
pour la première fois, il se trouvait d'accord
avec le comte de Richemont, qui intercédait
vivement en faveur du duc d'Alençon, son
neveu. Charles VII se laissa fléchir, il commua

la peine de mort en une prison perpétuelle.

Dans l'intervalle des deux ans que dura ce procès, le comte de Longueville dirigea une entreprise qui serait devenue fatale à l'Angleterre si on l'eût poussée avec plus de suite. Charles VII s'indignait de voir les Anglais appliqués sans cesse à lui susciter des ennemis; Dunois lui proposa une vengeance digne d'un roi de France: c'était de reprendre le projet de descente, abandonné l'année précédente; de porter la guerre au sein de leur pays, et de se lier avec les Écossais. L'idée de combattre sur leur propre sol ces étrangers qui, pendant trente ans, avaient été les maîtres de son royaume sourit à Charles; le projet approuvé, fut mis à exécution sur-le-champ. Le comte de Longueville se rendit dans la haute Normandie, emmenant, comme son premier lieutenant, le sire de Brézé, qui avait épousé une fille naturelle du roi : c'était un guerrier plein de loyauté et de détermination, mais d'une impétuosité de caractère surprenante (1).

On devait débuter par jeter sur les côtes d'Angleterre une avant-garde de 4,000 hommes, destinée à s'emparer de plusieurs points, afin

(1) Il poignarda sa femme, qu'il trouva renfermée avec un chevalier.

de protéger le débarquement du reste de l'armée.
Le sire de Brézé fut désigné pour commander
cette division ; le comte de Longueville devait le
suivre avec 15,000 vieux soldats. Le Bâtard choisit
pour composer cette avant-garde, des miliciens
normands, biens dévoués ; il leur fit espérer de
conquérir l'Angleterre, comme leurs ancêtres
l'avaient fait sous les ordres de Guillaume. Ces
discours réveillèrent l'esprit national des Normands, qui accoururent en foule. L'affluence
fut telle, qu'il fallut faire un choix : on prit ceux
qui avaient guerroyé, et qui connaissaient la
Grande - Bretagne ; les baillis de chaque grande
ville s'offrirent pour commander des détachemens fournis par elles. Ainsi vinrent se ranger sous sa bannière Jean Cousinot, bailli de
Rouen, Jacques de Clermont, bailli de Caen,
Robert Floquet, bailli d'Évreux, Jean Car-
bonnel, bailli de Falaise, Raoul de Barilly,
bailli de Bayeux. On joignit à ces miliciens deux
compagnies d'hommes d'armes : celle du comte
d'Eu, commandée par Jean Blosset ; David Hou-
chard commandait celle du comte de Longueville.
Ce général voulut même que son enseigne particulière marchât avec l'avant-garde, afin qu'elle
fût une des premières que l'on plantât sur le sol
anglais. Il la confia à Pierre de Genouillac, jeune

écuyer d'une valeur éprouvée. Les gens de Harfleur, de Dieppe, de Cherbourg, de Rouen, de
Honfleur, fournirent des embarcations légères,
car on ne portait ni bagages ni artillerie. L'escadre mit à la voile le 26 août 1457; elle aborda
deux jours après sur la côte, à deux lieues de
Sandwich, ville que les Français avaient brûlée
sous Philippe de Valois et sous Charles V. Le sire
de Brézé débarqua avec 1,800 hommes seulement,
et se mit en marche pour atteindre Sandwich; il
eut à suivre des chemins affreux. Il trouva à une
demi-lieue de la place un fort qui coupait la route;
il l'enleva après une vive résistance : ce coup
de main lui coûta beaucoup de monde; il donna
ensuite quelques heures de repos à ses gens. Pendant cet intervalle, il fit publier « que nul ne fût
assez hardi, à peine de mort, de toucher aux
biens de l'Eglise; que l'honneur des femmes fust
gardé, que le feu ne fust bouté, ni ne fust
homme tué de sang-froid. »

A peu de distance de Sandwich, en cotoyant le
rivage, il trouva cinq gros navires à l'ancre dans
une gare. Les équipages firent des démonstrations hostiles. Il envoya vers èux un chevalier
pour leur dire que s'ils lançaient un seul trait,
on les brûlerait dans leurs navires. Les marins
promirent de rester neutres. Cependant la gar-

nison entière de Sandwich sortit pour reconnaître
les Français. Brézé l'attaqua vigoureusement,
et l'obligea à rentrer dans la place. Les Anglais
battirent en retraite en bon ordre; mais ils
étaient serrés de si près, qu'ils ne purent lever
les ponts-levis. Les Français entrèrent avec eux
dans l'intérieur, et se battirent plusieurs heures
au milieu des rues. Les habitans se sauvèrent
en désordre, et le vainqueur, maître de la ville,
la livra au pillage. On y trouva une grande quantité de vins de Bordeaux. Les Normands, peu fa-
miliarisés avec cette boisson, en ayant pris outre-
mesure, tombèrent en démence. Brézé et ses
officiers eurent beaucoup de peine à les arracher
de ce lieu. Le danger devenait pressant, car de
toutes parts les miliciens anglais se réunissaient
et accouraient pour cerner les Français, avec
l'intention de leur couper la retraite de la mer.
Enfin, les officiers parvinrent à ramener les miliciens normands, qui trouvèrent encore moyen
d'enlever un butin immense. Sandwich passait
pour la ville la plus riche du comté. Le sire de
Brézé regagna ses embarcations; il en sortit
le lendemain avec des troupes fraîches, et s'a-
vança dans la direction opposée à Sandwick. Il
pénétra dans le pays de Cornouailles, et y ramassa également beaucoup de butin. Mais,

voyant s'avancer de tous côtés des forces considérables, il regagna une seconde fois ses navires, et resta quelque temps en vue de la côte. Un bateau, venu de Normandie, lui remit un message de Dunois, qui lui ordonnait de rentrer dans Honfleur. Le projet d'effectuer une descente avec le gros de l'armée était abandonné : Charles VII, inquiété par son fils, reculait devant une entreprise aussi majeure.

Cependant le succès remporté par le sire de Brézé, quoique de peu d'importance, satisfit l'amour-propre de Charles VII, et aurait causé sa joie s'il eût pu goûter le bonheur ; mais depuis dix-huit ans le dauphin empoisonnait sa vie, et l'empêchait de goûter les faveurs dont le ciel semblait prendre plaisir à le combler. Son fils l'avait brusquement quitté en 1446, et s'était retiré dans le Dauphiné, dont son père lui avait abandonné la propriété. Pendant huit ans ce jeune prince fut le fléau de cette province. Les habitans, accablés sous le poids des impôts, en butte à mille tracasseries, émigraient en foule pour se soustraire à une domination tyrannique. Charles VII envoyait à son fils message sur message, pour qu'il abandonnât le Dauphiné et qu'il revînt auprès de lui. Loin d'obéir, Louis redoublait de vexations, et donnait asile

à tous les mécontens de la cour de son père.
Charles, indigné, ordonna au sire de Dampmartin, bailli de Lyon, de pénétrer dans le
Dauphiné avec 6,000 hommes, de s'y établir
comme gouverneur, et de se saisir de la personne
de son fils. Le dauphin, instruit de la marche
de Dampmartin, ne songea qu'à fuir. Il se
retira en Savoie, chez son beau-père, mais
celui-ci refusa de le recevoir; alors il traversa
la Suisse, l'Alsace, le pays de Luxembourg, et
arriva en Flandre comme un fugitif. Il y trouva
bon accueil de la part de Philippe-le-Bon, qui
lui donna l'assurance de le défendre envers et
contre tous. Le prince bourguignon se re-
pentit bientôt d'avoir ouvert sa maison à ce
fourbe, qui, pour prix de l'hospitalité, ne s'é-
tudia qu'à souffler la discorde dans la famille
de son protecteur. Il y réussit si bien, que Philippe-le-Bon eut bientôt à déplorer les mêmes
malheurs que Charles VII. Son fils, le comte de
Charollois, jaloux du crédit dont les Croï jouis-
saient auprès de Philippe, se mit en pleine ré-
volte, et se retira dans le voisinage de Lille. Le
jeune prince offrit à Charles VII de massacrer dix
seigneurs brabançons très-aimés de son père,
et qui, vendus à l'Angleterre, entretenaient Philippe-le-Bon dans des dispositions peu favorables

aux intérêts de la France. Le comte de Charollois ne demandait pour l'exécution de son projet que le secours d'une division de 3,000 hommes. Tout autre que Charles eût peut-être regardé cette vengeance comme une juste représaille, mais ce prince magnanime reçut avec indignation une pareille proposition. Dunois, confident de ses secrètes pensées, fit, en son nom, à l'envoyé du comte de Charollois, cette belle réponse : « Pour deux royaumes comme le sien, le roi ne consentirait à un si vilain fait. » Ceci eut lieu dans le moment où le comte de Richemont montait sur le trône ducal de Bretagne. Dunois, en bon Français, conçut une véritable joie en voyant le duché passer sous la domination d'un prince qui n'avait cessé, pendant trente ans, de servir l'État avec une fidélité héroïque; néanmoins il ne put vaincre un mouvement d'envie en voyant son ancien rival de gloire s'élever à un rang auquel lui-même ne pouvait atteindre. Aussi, dans une circonstance solennelle, ne fut-il pas maître de cacher le sentiment de jalousie qui le dominait.

Le 15 octobre 1458 fut désigné pour le jour où Arthur III, nouveau duc de Bretagne, devait venir dans la cour du château de Vendôme à l'effet de rendre au roi son hommage de vassal; mais le prince breton avait résolu de ne faire dans son acte d'hommage aucune concession capable de choquer ses sujets ; sa résolution était à cet égard d'autant mieux prise, qu'à chaque hommage les rois faisaient de nouvelles tentatives pour empiéter sur les droits du vassal; la cour de Charles VII était remplie de personnes bien disposées à seconder leur maître pour abaisser l'orgueil de celui qui les avait toujours traités avec beaucoup de fierté. Le roi descendit du perron, précédé des grands officiers de la couronne. En l'absence du chancelier, Dunois, comme chambellan, portait la parole au nom du suzerain.

Il lut la formule de l'hommage lige. Le prince breton se récria en déclarant avec véhémence que, ses prédécesseurs ayant toujours rendu l'hommage simple, il suivrait leur exemple. On sait que l'hommage qu'on lui demandait se faisait avec des formalités propres à blesser l'orgueil du vasssal, et Dunois jouissait de l'idée de voir le duc à genoux et sans armes. « C'est lige qu'il faut l'hommage, répéta-t-il avec aigreur.— Oui, lige, s'écrièrent les seigneurs français en s'unissant au Bâtard. — Non, non, redisaient le vieux Arthur et ses bannerets bretons. » Charles VII, témoin de cette scène, rougit d'élever de pareilles difficultés vis-à-vis d'un prince dont le courage avait soutenu la France au bord de l'abîme ; il mit un terme à ces débats en décidant que le duc ferait l'hommage simple. C'était le dernier hommage que ce monarque devait recevoir. Miné par les chagrins dont son indigne fils l'abreuvait, Charles se penchait lentement vers la tombe ; chaque jour son cœur recevait un nouveau coup. La dauphine, retenue auprès de son époux, mit au monde un fils ; on ne donna seulement pas avis au roi de la naissance de ce prince ; bien plus, par une hardiesse difficile à qualifier, le dauphin conféra à cet enfant le titre de duc de Normandie, agissant en cela comme s'il eût été déjà le maître du royaume. Charles VII ne se montra point irrité de cette nouvelle offense ; il saisit même l'occasion de la naissance de ce fils pour renouveler auprès du dauphin les instances les plus touchantes, le laissant maître de dicter les conditions de la réconciliation : il ne reçut aucune réponse. Louis resta insensible aux avances d'un père tendre. Ce refus obstiné fut vivement senti ; dès ce moment la maladie de Charles VII empira. Ce prince, jouet de la fortune, se consumait de chagrin lorsqu'on le regardait comme le plus puissant potentat de la chrétienté, comme l'arbitre des destinées de l'Europe. Les princes de l'Allemagne, les rois d'Aragon, de Castille, de Navarre, le prenaient pour juge de leurs différends; les républiques italiennes l'appelaient *le grand roi*. C'est dans cet apogée de gloire que Charles VII descendit lentement dans la tombe. Avant d'y arriver, il eut la douleur de se voir abandonner au château de Mehun par une foule de courtisans qu'il avait comblés de faveurs. Ces hommes avides quittaient leur ancien maître qu'ils voyaient expirant pour aller au-devant du nouveau. Dunois tint une conduite opposée; il ne quitta pas le prince, qui l'avait toujours regardé comme son ami; ses larmes et ses prières né purent cependant consoler le monarque, qui s'abandonnait à une mélancolie mortelle. Charles VII était d'un âge à voir encore plusieurs lustres; mais son esprit était frappé de terreur; des serviteurs, emportés par un excès de zèle, eurent l'imprudence de lui dire qu'on voulait l'empoisonner. Cet avis vint mettre le comble à sa douleur, mais n'avança pas son trépas, comme on le dit communément : on prétendit que ce prince s'abstint de manger pendant sept jours, de peur d'être empoisonné par son fils; c'est un bruit que le vulgaire répéta sans fondement. Beaucoup d'écrivains contemporains, notamment Mathieu de Couci, ne parlent point de cette abstinence volontaire ; d'ailleurs les circonstances de la maladie du roi démentent victorieusement cette assertion.

Le 16 juillet 1461, une fluxion inflammatoire se déclara avec les symptômes les plus effrayans; elle fit des progrès rapides; les extrémités perdirent leur chaleur naturelle; la poitrine se remplit, et le monarque expira le sixième jour ( 22 juillet ). La maladie avait suivi son cours accoutumé. Charles VII n'avait point encore rendu le dernier soupir, que déjà le château de Mehun était désert; ceux que l'exemple de Dunois avait retenus par pudeur se hâtèrent de prendre la route de Flandre. Les officiers de la maison du roi, les gens attachés au service particulier de sa personne, s'enfuirent pour échapper au courroux du nouveau souverain, qui avait juré une haine implacable à tout ce qui entourait ou servait son père. Le duc de Berri, second fils de Charles VII, dominé par les mêmes craintes, quitta également le château; de sorte qu'il ne resta personne pour veiller auprès du corps du roi défunt : aucun de ceux que ce soin regardait ne se trouva là pour disposer les apprêts des funérailles. Tanneguy-Duchâtel y songea le premier; c'était le neveu de celui qui sauva

Charles VII en 1418, lors de l'entrée des Bourguignons dans Paris; il remplissait alors les fonctions de grand-écuyer en l'absence de Xaintrailles, gouverneur d'une partie de la Guienne, et retenu à Bordeaux par une maladie grave. Le comte de Longueville partagea ces soins, plus par affection que par devoir de sa charge de grand chambellan. Alain Chartier et le continuateur de Monstrelet lui en laissent même tout l'honneur; mais Mathieu de Couci, historien véridique, lui adjoint Tanneguy-Duchâtel, qu'il nomme le grand-écuyer, sans le désigner nominativement (1).

Le cœur et les entrailles du roi furent mis dans une urne; le corps dans une boîte de cèdre, et puis dans un cercueil de plomb; on fit à la hâte et

(1) L'on croit généralement que Tanneguy-Duchâtel paya de ses propres deniers les frais des funérailles de Charles VII, c'est une erreur. Un écrivain moderne, M. Delort, l'a fort bien démontré dans son Essai critique sur l'Histoire de Charles VII (1824), en produisant la pièce officielle d'après laquelle on voit que Louis XI, par lettre du 28 octobre 1465, approuve les dépenses faites par Tanneguy-Duchâtel pour cet objet, et s'élevant à 18,225 liv. Ce compte, approuvé par Guillaume de Fresnel, chancelier de France, et Pierre d'Oriol, contrôleur-général des finances, fut porté en déduction des recettes dont Tanneguy-Duchâtel était détenteur par son emploi.

bien grossièrement une figure, moitié de cire, moitié de bois, représentant Charles VII; on l'orna de tous les attributs de la royauté, et on le plaça sur un chariot branlant. Ce lugubre cortège partit de Mehun pour Paris. Le duc d'Orléans, le comte d'Angoulême, son frère, le marquis de Saluces, le sire de Châteaubriand, en firent partie; le comte de Dunois l'escortait avec un détachement d'hommes d'armes assez considérable. Le convoi marchait très-lentement; les habitans des campagnes accouraient sur le passage, et donnaient de véritables larmes au prince qui avait consacré exclusivement ses dix dernières années à consolider leur bonheur. Le cortège arriva le 5 août à l'église Notre-Dame-des-Champs, dans un des faubourgs de Paris, et s'y arrêta deux jours. Le clergé de la capitale envoya au-devant 3oo pénitens portant un cierge de trois livres. La foule fut si grande que le prévôt et ses gardes furent culbutés aux portes. Le lendemain, à onze heures du matin, les crieurs publics parcoururent la ville, en disant : « Dites vos patenôtres pour le très-haut et très-excellent prince, le roi Charles VII, et, à trois heures, venez à vigiles, en l'église Notre-Dame de Paris. » Le prévôt ordonna que les habitans des maisons situées dans les rues

par lesquelles devait passer le cortège enle-
vassent les pots de fleurs, enseignes et auvens.

L'église se remplit de tous les ordres de l'Etat
et du clergé, parmi lequel on comptait treize
crosses d'évêque ; les différentes confréries de
pénitens, les notables, les corporations, encom-
braient tellement le temple saint, que le peuple
ne put entrer, et resta dans le parvis ou sur la
place. A cinq heures le cortège arriva ; lé poële
était porté par Jean Damoiseau, premier président du parlement, Robert Thiboult, second
président, Mathieu de Nanterre, également second président, et Jean Sanzai, premier maître
des requêtes. Quatre princes du sang suivaient
à cheval le char funèbre ; on les distinguait des
autres seigneurs à leurs grands manteaux de
deuil, qu'ils avaient seuls le droit de porter:
c'étaient le duc d'Orléans, le comte de Vendôme son frère, le comte d'Eu et le comte de
Longueville: celui-ci marchait le dernier, comme
prince bâtard légitimé. Jean Châteaufort dit
l'oraison funèbre en latin, selon l'usage, et
lorsqu'il eut exprimé le dernier soupir du roi
(*inclinato capite emisit spiritum*), il fut suffo-
qué par les larmes, et tous les assistans répondirent par des sanglots. Les vigiles des morts
étant dites, le corps resta exposé un jour en-

tier dans la chapelle ardente. Le lendemain, à deux heures après midi, le cortège se mit en marche pour Saint-Denis, dans l'ordre observé l'avant-veille, à la différence que le corps, au lieu d'être traîné sur un chariot, était porté à bras par les préposés des greniers à sel, selon le droit qu'ils en avaient. Arrivé à La Chapelle, le convoi fit halte ; l'abbesse de Montmartre, suivie de ses religieuses, vint faire des prières sur le cercueil du roi : le cortège se remit en route, et s'arrêta une seconde fois au lieu appelé le Landi, où deux grandes croix marquaient les limites de la justice de Paris. L'université ainsi que les confréries quittèrent le cortège, et revinrent sur leurs pas ; les préposés au sel posèrent la bière sur deux tréteaux ; ceux de Saint-Denis devaient la prendre. « Les bonnes gens de Saint-Denis voulurent porter le corps, mais ils ne furent pas assez forts. » Il s'éleva, en cette occasion, un combat très-vif qui aurait pu troubler la solennité de la cérémonie : Dunois le fit cesser en ordonnant à ceux de Paris de porter le corps jusqu'à St.-Denis, où il resta exposé une nuit entière. Le lendemain, vers cinq heures du matin, les prières d'usage commencèrent ; à onze heures le corps fut descendu dans le caveau par le moyen de cordes ; quatre écuyers tenaient élevé un drap d'or devant l'ouverture, pour que les assistans ne vissent rien; on l'enleva lorsque le cercueil fut descendu; puis l'évêque de Bayeux, prenant de la terre dans sa main, la jeta du haut des degrés dans la fosse; le roi d'armes étendit ensuite sa masse, en criant : *Le roi Charles VII le victorieux est mort, priez pour lui.* Les sanglots redoublèrent alors de manière à couvrir la voix d'un autre héraut qui criait: *Vive le roi Louis XI!* Les officiers de l'hôtel passèrent ensuite, et jetèrent dans le caveau les baguettes, marques distinctives de leur emploi. A l'issue de la cérémonie, les princes du sang, les seigneurs et officiers de la maison du roi allèrent, selon l'usage, dîner chez l'abbé de Saint-Denis. Le banquet terminé, et tout le monde étant debout, après avoir dit les graces, Dunois s'écria d'une voix émue : « Nous avons perdu notre bon maître; que chacun songe à se pourvoir ! » Ces paroles augmentèrent la tristesse générale ; elles faisaient mieux sentir la perte que l'on venait d'essuyer, surtout en pensant au caractère bien connu du nouveau roi.

Charles VII, élevé au milieu des discordes civiles, apporta dans la conduite de sa jeunesse beaucoup de désordres. Il semblait que, persuadé plus que personne de la ruine de la monarchie, il voulut passer dans les plaisirs le temps qui lui restait à régner. Jamais prince ne parut moins propre à recouvrer un État ; inerte, indolent, il n'aspirait qu'au repos : il s'éloignait sans cesse des lieux où l'on décidait sa querelle, non par pusillanimité, mais par horreur du bruit. Enfoncé dans sa retraite, il se livrait à de petites intrigues ; quatre ou cinq favoris s'emparaient de lui, l'isolaient du monde entier, et le cachaient à tous les yeux : sa timidité naturelle était justifiée, il est vrai, par un physique disgracieux. Quelquefois il sortait de son apathie, se montrait aux Français, non pas en général, mais en soldat ; il donnait alors des marques d'un courage bouillant, et rentrait bientôt après dans son obscurité, satisfait d'avoir prouvé qu'il était brave. Mais ces témoignages subits de valeur touchaient peu la nation, et il se serait vu complètement abandonné si l'on n'eût reconnu en lui d'autres qualités. Rien n'égalait sa bonté et sa douceur ; son amour pour ses sujets passait toute expression : on le voyait souvent verser des larmes amères, à la vue des malheurs causés par la guerre. Ces regrets, exprimés d'une manière touchante, lui gagnaient tous les cœurs. Tel fut Charles VII la moitié de sa vie, pendant que le sort le poursuivait de ses rigueurs; mais il se montra un homme supérieur lorsqu'il se vit en possession d'un des plus beaux royaumes de la terre. Son mérite grandissait avec sa fortune. Aux vertus d'un prince malheureux il joignit les qualités d'un puissant potentat; il mit une grande application dans les affaires; il acquit des talens remarquables pour l'administration; il sut choisir des hommes capables. Sa sollicitude pour le bien public fut constante et éclairée, il prit surtout pour exemple la vie de son aïeul. L'on ne saurait sans injustice ne pas attribuer à ses efforts personnels la majeure partie des immenses résultats de son règne, résultats uniques après tant de revers, car il était aussi puissant à l'extérieur que dans l'intérieur. Sa politique repoussa constamment ce qui s'écartait de la loyauté. On ne peut mieux terminer cette esquisse qu'en disant : Pendant vingt ans Charles VII fut un prince ordinaire, pendant vingt ans il fut un des plus grands rois dont la France doive s'honorer.

# LIVRE VII.

Dunois va au-devant de Louis XI.—Il est disgracié, et prend
  part à la ligue du bien public. — Bataille de Montléri.
  — Il se réconcilie avec le roi, qui le nomme président
  du conseil formé pour la réforme des abus de l'administration du royaume. — Sa mort.

------

DUNOIS s'était illustré pendant tout le règne
de Charles VII ; il semblait que sa gloire se fût
vouée exclusivement à ce prince, car après le
trépas du monarque qu'il servit si bien, la vie
du Bâtard ne jeta plus qu'un faible éclat. Elle
n'offre de remarquable qu'une très-grande faute :
il eût été à souhaiter pour sa renommée qu'il fût
mort le même jour que Charles VII.

A l'issue des funérailles du roi, le comte de
Longueville avait dit : « Nous avons perdu notre
bon maître ; que chacun pense à se pourvoir. »
Ces paroles peignaient admirablement l'état des
choses : beaucoup de seigneurs de la cour, accoutumés à la faveur, coururent au-devant du
roi afin de conserver un crédit devenu indispen-

sable à leur existence, mais la majeure partie des nobles allèrent se cacher au fond de leurs domaines : ils avaient bien servi Charles VII, et ils savaient que ce serait auprès de son fils un titre d'exclusion. Dunois avait plus à craindre que tout autre, cependant il ne suivit pas leur exemple, il alla au-devant de Louis XI sans craindre les châtimens, sans désirer de nouvelles faveurs. La charge de grand-chambellan et de lieutenant-général lui faisait un devoir de se trouver auprès de la personne du prince. Il rencontra le roi dans l'Artois : Louis XI le reçut froidement. Il oubliait que dans sa jeunesse il avait beaucoup recherché l'amitié du comte de Longueville, mais il se rappelait que ce seigneur avait proposé des mesures très-énergiques pour faire rentrer le dauphin dans le devoir.

Louis XI s'était arrêté à Maubeuge, première ville de France, où il attendit les grands dignitaires de l'État; et comme il croyait que son élévation trouverait beaucoup d'opposition, il ne refusa pas l'offre que lui fit le duc de Bourgogne de l'accompagner. On sait qu'il était refugié chez Philippe-le-Bon. Ce grand vassal donna des ordres si formels, qu'en peu de jours 100,000 hommes se trouvèrent réunis sur les fron-

tières : il n'est pas douteux qu'il ne voulût déployer ses forces aux yeux d'un suzerain dont il
connaissait le caractère dangereux. Louis XI, effrayé de cette multitude de soldats, supplia le
duc de Bourgogne de ne pas les mener sur les
terres de France; d'ailleurs l'empressement que
mettaient beaucoup de seigneurs français à venir lui présenter leurs hommages lui montrait
l'inutilité d'une pareille escorte. Philippe y consentit, mais il conserva pour la sûreté de sa personne une garde de 4,000 nobles. Les gens d'armes français qui se trouvaient auprès du roi
furent formés en une division dont le comte de
Longueville prit le commandement. Louis XI,
Philippe-le-Bon et leur nombreux cortège se di-
rigèrent vers Reims, où ils entrèrent le 14 août
1461. Le sacre eut lieu le lendemain sans beaucoup de pompe. Le duc de Bourgogne rendit
l'hommage de vassal : Dunois lut mot à mot la formule du serment. Après cette double cérémonie,
le roi partit pour Paris. Le comte de Longueville reçut l'ordre d'éclairer la route avec les
gens d'armes; le soupçonneux Louis XI craignait
quelque surprise au milieu de son royaume; il
venait régner sur un pays dont il s'était banni
depuis quinze ans, aux habitans duquel il avait
offert le spectacle d'un fils armé contre son père.

Il savait bien que le cœur de ses sujets ne lui était pas acquis : la joie qu'il témoignait en voyant la France riche, bien peuplée, ne lui venait pas du bonheur de rentrer dans sa patrie, de l'espoir de la rendre encore plus heureuse, elle tenait au secret contentement que lui inspirait. la possession d'un grand royaume sur lequel il pourrait exercer largement le droit de commander.

Il entra dans la capitale le 30 août 1461, il y fut reçu avec des acclamations unanimes : quel que fût le maître que le sort donnât à la France, les Parisiens trouvaient des chants et des trans-ports de joie pour le fêter. Dans moins d'un siècle Charles V, Charles-le-Mauvais, Charles VI, l'affreuse Isabeau, Jean-sans-Peur, les deux Lancastre, Charles VII, avaient été accueillis avec le même empressement. Il en eût été de même si Artevelle vainqueur à Rosebec fût entré à Paris, ou si Bajazet, après le triomphe de Nicopolis, eût traversé l'Allemagne pour venir planter sur les tours de Notre-Dame l'étendard du croissant tout imprégné du sang français.

Les Parisiens, doués d'un esprit d'à-propos admirable, avaient toujours su flatter par quelque allégorie ingénieuse l'amour-propre de chaque prince qui était venu les visiter. Ils avaient offert à Henri VI, le jeune Lancastre, le spectacle d'un enfant revêtu des habits royaux d'un monarque anglais, et recevant les hommages d'autres enfans représentant les pairs de France. Si l'idée n'était point nationale, au moins était-elle bien anglaise. Dans l'espérance de flatter l'amour-propre de leur nouveau monarque, ils imaginèrent de représenter la prise de Dieppe : on se rappelle que Charles VII, voulant montrer son fils à l'armée réunie devant cette place, l'envoya comme volontaire pour servir sous les ordres de Dunois, dont les savantes dispositions assurèrent à son royal élève un triomphe complet. Les Parisiens construisirent donc sur la place du Châtelet une espèce de fort ; on y simula un assaut, et au milieu des assaillans on distingua un jeune guerrier montant le premier à la brèche, et plantant la bannière de France dans les créneaux. C'était Louis XI qu'on voulait représenter.

Nous ne pensons pas que cette puérile flatterie ait touché beaucoup le nouveau roi ; des idées plus sérieuses l'absorbaient entièrement, car sa position ne ressemblait en rien à celles de ses prédécesseurs. Il parvenait au trône à trente-neuf ans ; mais à cet âge, qui n'est guère plus que la moitié de la vie d'un homme, que de larmes n'avait-il pas fait verser! Né d'un père et d'une mère dont la douceur passait toute expression, il ne participait ni de l'un ni de l'autre. La nature avait franchi pour lui une génération, car il ne tenait que de son aïeule, l'horrible Isabeau de Bavière : même astuce, même cruauté, même désir de nuire; enfin dans les moindres détails on retrouverait une similitude parfaite entre l'aïeule et le petit-fils. Isabeau se cachait au moindre bruit du tonnerre, et Louis XI montrait les mêmes terreurs, bien pardonnables chez une femme, mais ridicules chez un homme. Il devint le plus mortel ennemi de son père à un âge où un jeune prince fait l'orgueil de sa famille et l'espoir de la nation. Il emmena dans l'exil la belle Marguerite d'Écosse, à qui on l'avait uni de bonne heure; mais dans une terre étrangère, sans crédit, il ne pouvait exercer contre personne ce besoin de mal faire qui le dévorait, et ce fut contre sa femme qu'il tourna sa fureur : il la maltraita tellement que cette princesse infortunée tomba dans le désespoir : elle appelait la mort, repoussant les soins qu'on s'efforçait de lui donner pour prolonger son existence : « Fi, disait-elle, fi de la vie! qu'on ne m'en parle plus! » Hélas! le ciel ne fut point inexorable, et mit promptement un

terme à ses maux : elle mourut en 1445, dans
la fleur de l'âge. On connaissit fort bien tous ces
détails en France : ils n'étaient point faits pour
prévenir le public en faveur du nouveau roi.

De son côté, Louis XI ne se faisait pas illu-
sion sur les sentimens de la noblesse ; il savait
que plusieurs fois elle avait fait des tentatives
auprès de Charles VII pour qu'il assurât la couronne à son second fils ; il conçut dès lors contre
elle une haine qui ne s'affaiblit jamais, et résolut de l'écraser. Pour y parvenir il fallait gagner
l'affection du peuple et s'en faire un appui ;
aussi chercha-t-il à devenir populaire : il y réussit en affichant avec ostentation une piété fer-
vente, se livrant aux pratiques les plus minu-
tieuses. Les idées religieuses dominaient alors
la société ; les hommes sages les adoptaient de
bonne foi, et se conformaient avec décence
aux devoirs qu'elles imposaient ; le vulgaire y
mettait moins de ferveur, mais beaucoup plus
d'exaltation. Louis XI ne douta donc point qu'il
gagnerait l'affection du peuple en montrant la
même croyance. L'on peut affirmer que sa dévotion était calculée, car il n'en fit preuve que du moment qu'il monta sur le trône : en effet, le temps de
son exil, le passa-t-il à demander au ciel pardon
des fautes dont il s'était rendu coupable envers

son père? non ; il se livra dans sa retraite à d'autres soins : il étudiait les hommes pour mieux connaître les moyens de les asservir. Il est constant que lorsqu'il vivait dans la plus profonde retraite à Genep en Flandres, il entretenait une correspondance très-active avec François Sforce, usurpateur du trône ducal de Milan. Cet Italien, dont la duplicité égalait le courage, se plut à donner au prince français des leçons de domination ; il ne cessait de lui répéter cette maxime : *Qui ne sait dissimuler ne sait régner.*

C'est avec ces dispositions que Louis XI arriva en France. Il débuta par écraser les anciens serviteurs de son père : il priva de leurs charges les officiers de la maison du roi ; cette mesure s'étendit bientôt jusqu'aux grands dignitaires de l'État, les maréchaux de France, l'amiral, les chambellans, les sénéchaux ; mais la disgrace qui frappa le plus les esprits fut celle de Dunois, de ce guerrier à qui Charles VII avait prodigué les titres de *triomphateur*, de *restaurateur de la monarchie* : il lui ôta le titre de lieutenant-général, le priva du gouvernement de la Normandie, et supprima l'inspection des places de Guienne, que l'on avait confiée au Bâtard. Ce n'était point par esprit d'ordre et d'économie que Louis XI agissait ainsi, car il donnait à des gens du plus bas étage les charges dont il dépouillait d'honorables serviteurs.

Dunois ne murmura point, il ne s'exhala point en plaintes amères; mais dégoûté d'une cour dans laquelle les services passés devenaient des titres d'exclusion, il chercha à se consoler de sa disgrace en volant à de nouveaux exploits. Il fit ses préparatifs pour passer en Italie à l'effet de défendre les intérêts de la maison d'Orléans contre l'usurpateur Sforce. Il n'avait cessé de montrer le plus grand dévouement à la famille d'Orléans, dont il était le bâtard. La branche aînée de cette maison allait s'éteindre, lorsque, contre toute espérance, le chef de cette lignée, Charles, eut un fils de sa troisième femme : ce fut Louis XII. Cet enfant naquit en 1462, au moment où Dunois succombait sous le poids de la disgrace. La naissance de ce rejeton ranima les esprits du comte de Longueville; il se voua avec encore plus d'ardeur à la défense des droits que cet enfant avait à l'héritage de Valentine de Milan : il fit part de ses projets à ses vieux compagnons d'armes comme lui repoussés. Il désirait d'autant plus se bannir de France que les orages s'amoncelaient autour du trône. Louis XI soulevait chaque jour de nouvelles haines : il priva son frère de ses apanages, il dépouilla de leurs biens quantité de chefs de grandes maisons; il traitait la noblesse avec une dureté sans exemple; il exigea que nul ne lui parlât sans le qualifier de *votre majesté*, usage qui s'est perpétué; il enleva aux plus grands feudataires des privilèges seigneuriaux qui formaient leurs principales richesses. On conçoit qu'en froissant tant d'intérêts, le roi devait exaspérer les esprits : il se forma des ligues secrètes. Chacun tournait ses regards vers Dunois en le suppliant de se mettre à la tête de ces associations qui avaient pour but d'anéantir un système de spoliation.

Le comte de Longueville résista aux plus puissantes sollicitations, et refusa de devenir chef de parti, et pressa avec plus d'ardeur encore les préparatifs de son voyage en Italie. Cependant Sforce, instruit par ses nombreux émissaires des projets de Dunois, en fut vivement alarmé. N'espérant pas que ses ruses pussent triompher de l'habileté de ce général, qui allait entraîner sur ses pas une partie de la noblesse française, il dépêcha vers Louis XI plusieurs officiers pour le supplier de s'opposer à l'expédition de Dunois. Le roi, qui poursuivait toujours son projet d'écraser la noblesse, avait conclu avec Sforce un traité secret d'après lequel l'Italien s'enga-

geait à lui fournir 8,000 hommes de vieilles
bandes milanaises : avec un tel secours, il se
croyait en état de faire cesser toute opposition importune. Sforce fit observer que ces
troupes lui devenaient nécessaires si Dunois
passait les monts, pour faire la conquête du
Milanais ; le roi de France comprit la justesse
ces observations ; il ordonna au comte de Longueville de licencier ses compagnies dans le plus
court délai, et le menaça de sa colère s'il rassemblait 20 hommes. Les termes durs dont le
prince se servit en cette circonstance blessèrent
vivement Dunois ; néanmoins il aurait trouvé
dans son âme assez de force pour se consoler de
cette nouvelle disgrace, si un second affront
fait à sa famille ne fût venu augmenter son
irritation. Le duc de Bretagne avait refusé de
se prêter aux empiétemens dont le roi menaçait
le duché ; Louis XI dépêcha vers lui le duc d'Orléans dans l'espoir de le gagner, mais cette dé-
marche échoua complètement ; le roi s'en prit à
son ambassadeur, et l'accabla devant toute la
cour des reproches les plus amers, l'appelant
traître et félon. Le duc d'Orléans ne put suppor-
ter un tel traitement, auquel sa vieillesse et ses
souffrances le rendirent très-sensible : il s'abandonna au chagrin, et mourut dans la plus pro-

fonde douleur, à l'âge de 74 ans. Le Bâtard ressentit vivement la perte de ce frère chéri.

Les tentatives que Louis XI venait de diriger contre le duc de Bretagne alarmèrent les grands vassaux; il parut évident que toutes les actions du roi avaient pour objet l'abaissement de la noblesse. Louis, se voyant deviné, ne mit plus de mystère dans ses démarches, et déclara hautement qu'il arriverait à son but par la force ouverte; alors une commotion nouvelle agita la France, qui se trouva en armes comme par enchantement; l'on forma la ligue du bien public, que le peuple appela *du mal public*. Il n'entre pas dans notre sujet de faire l'histoire de cette coalition formée par les grands pour arrêter les entreprises d'un prince qui menaçait toutes les existences. Nous n'en parlerons que pour dire la part qu'y prit le héros dont nous écrivons la vie.

Dunois commit la faute de s'associer aux mécontens; il lui était facile de rester neutre dans cette querelle, dans laquelle Louis XI avait pour lui le bon droit et l'exercice de la royauté, si puissant même dans les mains les plus indignes. Le roi déploya une activité, une vigueur et une habileté qui attestaient la supériorité de son génie; il sut, malgré l'abandon des nobles, mettre sur pied une armée formidable, dont 7,000 Italiens formaient l'avant-garde. Les troupes des mécontens, unies aux Bourguignons, présentaient également des masses redoutables. Dunois, choisi pour être le régulateur de toutes les opérations, n'assista point cependant à la bataille de Montléri. Lorsqu'on livra cette action, le 16 juillet 1465, il se trouvait fortement attaqué de la goutte, et se faisait porter en litière; un de ses écuyers tenait devant lui sa bannière : toutefois il donna les ordres comme un général en chef. Il manœuvra sur les rives de la Marne dans l'intention d'appuyer l'armée bourguignonne, sans opérer cependant une jonction parfaite, agissant plutôt pour la garantir d'être écrasée que pour l'aider à remporter une victoire complète. Aussi Monstrelet et les autres historiens contemporains, la plupart bourguignons, blâment-ils amèrement le Bâtard; ils disent que sa lenteur nuisit beaucoup au comte de Charolois, et qu'en opérant sa jonction avec ce prince le comte de Longueville eût assuré le succès de la coalition. Mais Dunois craignait sans doute les conséquences que pouvait avoir un succès trop prononcé remporté par des rebelles. Nul doute que ce fût là sa pensée, il la manifesta clairement quelques jours après. Le lendemain du combat de Montléri, une partie des princes confédérés et le duc de Bretagne se réunirent à Étampes pour se consulter sur la conduite qu'il fallait tenir; Dunois y parla fort énergiquement pour qu'on ne portât aucune atteinte aux droits que le roi tenait de sa naissance. Pendant que les chefs du parti discouraient ainsi dans leur conseil, un grand nombre de fuyards arrivèrent à Etampes, disant que Louis XI avait été tué dans une seconde action : cette nouvelle changea aussitôt la direction des idées ; la première pensée fut de déclarer roi le duc de Berri, la seconde fut de se prémunir contre les projets du comte de Charolois, qui, dans l'état des choses, pouvait devenir le plus redoutable ennemi de la monarchie : Le péril parut si pressant que Dunois et les principaux confédérés mirent en délibération si l'on marcherait aussitôt contre les Bourguignons pour faire main-basse sur eux et sur leur chef. Mais on renonça bientôt à ce projet, car l'on apprit que la mort du roi n'était qu'un faux bruit; on alla même au-devant du comte de Charolois, qui laissa son armée auprès d'Angerville et vint se réunir, le 19 juillet, aux autres princes.

Le duc de Berri lui fit un grand accueil. L'un et l'autre se placèrent à une des fenêtres du château ; ils parlaient gaiement de l'état de leurs affaires lorsqu'une fusée, partie de la rue, vint éclater au milieu d'eux. Ceci donna l'alarme, on vola aux armes; mais le fait fut bientôt éclairci; un écuyer breton, artificier de son état, avait lancé sans dessein cette fusée; il vint s'avouer coupable, et sa déclaration ramena le calme.

Aucune tempête politique ne s'était jusqu'alors annoncée avec autant de fracas, cependant aucune ne s'apaisa plus promptement. Louis XI mit beaucoup d'ostentation à reconnaître la fidélité des nobles qui refusèrent d'embrasser la cause des mécontens. Pour récompenser la conduite tenue à Montléri par Odon de la Poix, sire de Freminville, il lui fit présent de six coulenvrines de bronze chargées d'ornemens du temps (1). Mais tandis qu'il récompensait si magnifiquement les gens fidèles, il écoutait les propositions des mécontens, il pliait pour ne point casser; enfin il consentit à tous les sacrifices qu'on exigea de lui. Le traité de Conflans fut signé le 5 octobre; il satisfit tous les chefs de la confédération. Mais Louis XI n'observa bien les articles de ce traité que vis-à-vis Dunois, à qui il rendit les domaines dont il l'avait dépouillé : peut-être

______

(1) Titres de la maison de Freminville. Nous avons vu les lettres patentes de cette donation, datées du Plessis-les-Tours et contre-signées *Robertot*.

voulut-il reconnaître ainsi la modération que le Bâtard avait montrée dans cette occasion. Au commencement de l'année 1466, le monarque maria le fils du comte de Longueville, François d'Orléans, avec Agnès de Savoie, sœur de la reine, lui donnant, en faveur de ce mariage, 40,000 écus, et la jouissance de grands biens en Dauphiné. Ces bienfaits touchèrent l'ame du guerrier, qui s'unit de cœur à Louis XI pour le seconder dans les améliorations que ce prince méditait : car, il faut le dire, si Louis XI eut le vices de l'homme, il eut aussi les talens d'un grand roi; et l'ardeur qu'il mit à perfectionner le mode du gouvernement hâta merveilleusement les progrès de la civilisation.

Dunois partagea les travaux des premières années du règne de Louis XI. Il fut nommé président d'un conseil formé pour la police et les affaires du royaume. Ce conseil se composa de douze prélats ou gens d'église, de douze chevaliers et de douze membres du parlement : les prélats furent l'archevêque de Reims, les évêques de Paris, du Mans, de Lizieux, de Langres, d'Orléans, de Laon, de Chartres, de Blois, le doyen de Paris, le prieur des Chartreux, le doyen de Toulouse; les douze chevaliers furent l'amiral de Culant, les sires de Pressigni, de

Montsoreau, de Rambure, de Beaumont, d'Houet, de Montagu, de Traynel, de Torcy, de Chaumont, de Ragny, d'Applancourt; les douze magistrats furent Jean Dauvet, Pierre Boullengier, Jacques Fournier, Barthélemi Cloître, Guillaume Paris, François Hallé, Pierre d'Oriol, Denis d'Auxerre, Jean l'Enfant, Jouvelin, Fournier du Mans et Guillaume Hugonet. La première séance de ce conseil eut lieu le 16 juillet 1466, un an après et à pareil jour que la bataille de Montléri. Elle fut précédée d'une messe du Saint Esprit qui fut dite dans la chapelle du palais par l'archevêque de Reims.

Cette cérémonie avait attiré un grand concours de monde, de sorte que le palais et les rues adjacentes se trouvaient encombrées de litières, de chevaux de main et de mules tenues par les valets. Pendant que les membres du conseil discutaient solennellement les plus chers intérêts de l'État, les laquets des nobles, des magistrats, et des autres personnes qui étaient venues au palais, se prirent de querelle; ils livrèrent entre eux dans les salles basses et dans les cours un combat furieux; plusieurs furent tués, et quantité reçurent des blessures graves. Cette lutte mit tout le quartier en désordre; elle ne finit que vers la nuit. Les Parisiens, pour qui tout devient

un sujet de plaisanterie, appelèrent· cette ba-
garre *le bout de l'an de Montléri*. Heureusement
que cette ridicule imitation d'un combat si célèbre ne fut point d'un mauvais augure. Tout
au contraire, le calme renaissait, et Louis XI se
montrait désireux de la paix ; aussi ne repoussa-
t-il point les généreux efforts que Dunois faisait
depuis long-temps pour le réconcilier avec le
duc de Bretagne.

François, duc de Bretagne, successeur de son
oncle Arthur, se montrait appliqué aux affaires,
plein d'ambition, et surtout très-populaire (1);
mais on avait à lui reprocher de manquer de cette
loyale franchise que les Bretons, ses sujets, mettaient dans les moindres actions de leur vie. Il ne
se piquait guère mieux que Louis XI d'observer la
foi des traités. On conçoit que le voisinage de ces

(1) On raconte qu'ayant établi, du consentement des
États, un tribut considérable, il trouva dans la campagne
un paysan accompagné de sa femme et portant une poule. Le
duc, sans se faire connaître, lui demanda où il allait : « Je
vais, dit le rustre, me défaire de ces deux bêtes ; de celle-là,
en montrant sa femme, en la mettant au service, de celle-
ci, la poule, en la vendant pour payer l'impôt extraordinaire de notre duc, qui nous charge plus que nous n'en
pouvons porter. » Le prince, frappé de cette réponse, cassa
le tribut et ne voulut plus qu'il en entrât rien dans ses
coffres. (Hist. de Bretagne, dom Morice.)

deux princes devait occasioner des secousses per-
pétuelles. François donna asile au frère du roi,
que celui-ci avait créé duc de Normandie lors
du traité de Conflans. Louis n'avait fait cette
concession qu'à regret, et bientôt il fit les préparatifs pour empêcher son frère de se mettre
en possession de son nouvel apanage, malgré
tous les efforts de Dunois, qui essaya vainement
de lui faire sentir la déloyauté de cette conduite.
Charles, instruit de ses projets, rompit une
seconde fois, et se retira en Bretagne, dont le
duc lui offrit son assistance, se promettant bien
en secret de profiter de ces débats pour s'emparer d'une partie de la Normandie. En conséquence, d'après ses ordres, plusieurs divisions
de troupes bretonnes entrèrent dans cette province, et y firent de rapides progrès.

Le sire de Rostremen s'empara de Falaise ; le
sire de Rohan, de Vire, et Guillaume de Bruc,
de Bayeux. A la nouvelle de cette agression,
Louis XI, extrêmement courroucé, se mit en
marche avec des forces considérables. Les divisions avaient à leur tête des capitaines tous élèves de Dunois. Ce général se tint en seconde ligne avec le dernier corps comme réserve. Les
Bretons perdirent en peu de temps leurs nouvelles
conquêtes. Le sire de Rohan, repoussé de devant

la ville de Caen, fut obligé de battre en retraite avec précipitation, ainsi que le sire de Rostremen et le prince d'Orange. Quant à Guillaume de Bruc, il fut plus malheureux que ses collègues : chassé de Bayeux, il se retira en Bretagne, toujours en combattant; poursuivi jusqu'auprès d'Ancenis, par une division de bandes françaises aux ordres d'Adrien de L'Hopital, il soutint un combat opiniâtre sous les murs du château de Jouë, fut battu, et fait prisonnier avec son fils. Cet Adrien de L'Hopital, d'origine armoricaine, était proche parent de Guillaume de Bruc ; mais une haine de famille les divisait depuis long-temps, chose fort ordinaire en Bretagne, où les rivalités particulières se perpétuaient des siècles entiers. Adrien (1) conduisit ses deux captifs à Lisieux, leur demandant pour rançon une somme énorme. Guillaume de Bruc et son fils préférèrent la liberté à leurs richesses ; ils virent briser leurs fers, mais ils furent ruinés. De nouvelles alliances relevèrent bientôt cette antique maison.

Les revers essuyés devant Jouë et sur plusieurs

(1) Cet Adrien de L'Hôpital fut un des meilleurs généraux du quinzième siècle. Il commanda l'avant-garde française à la bataille de Saint-Aubin du Cormier. Il se signala ensuite dans la conquête de Naples.

autres points remplirent de frayeur l'ame du duc de Bretagne. Il voyait déjà ses États envahis par l'ennemi, ravagés par la guerre. Comme il aimait beaucoup ses peuples, son amour-propre ne souffrit pas de demander grace : il implora, dans cette circonstance, l'intercession de Dunois, dont il avait épousé la nièce, et lui écrivit une lettre datée de la Bourardière, près Nantes, le 8 janvier 1467, dans laquelle il l'appelait *mon oncle*. « Je jure, disait-il, de me conduire à l'avenir par votre bon conseil et avis, comme de celui que je connois aimer loyalement le bien du roi et du royaume. Je vous écris en vous priant de faire entendre et connoître au roi que je suis et que je lui serai toujours tel que je dois. » Dans l'espoir d'épargner de nouveaux embarras à son pays, le Bâtard redoubla d'efforts pour faire agréer les excuses du duc de Bretagne, et mettre ainsi un terme à ces débats. Ne se laissant point rebuter par les refus successifs de Louis XI, il eut la satisfaction de ramener la bonne intelligence entre le souverain et le vassal, et après bien des longueurs le traité fut signé sous ses auspices, dans le château d'Ancenis, le 10 septembre 1468. Le comte de Longueville mit d'autant plus d'ardeur à réussir dans cette réconciliation, qu'un météore effrayant venait d'apparaître sur l'horizon, et menaçait de tout embraser. Il fallait que la France ne fût occupée d'aucun autre soin, si elle voulait résister à l'influence de cet astre malfaisant. C'était Charles-le-Téméraire, duc de Bourgogne, qui venait de succéder à Philippe-le-Bon. Mais le ciel ne voulut pas laisser à Dunois la gloire de conjurer de nouveaux orages : il descendit au tombeau le 28 novembre 1468 (1), à l'âge de soixante-neuf ans, avec la douleur de voir éclater une nouvelle rupture entre Louis XI et Charles-le-Téméraire. Né au milieu de tempêtes politiques, les ayant traversées pendant un demi-siècle, il était fondé à croire qu'il pourrait, au terme de sa carrière, voir tarir la source de tant de maux. Mais la vie n'est-elle pas un cercle de misères, et pour avoir beaucoup souffert est-on dispensé de souffrir encore?

Ce guerrier, dont le nom rappelle des souvenirs si glorieux pour la France, mourut à Saint-Germain-en-Laye. D'après ses intentions, son corps fut enterré à Notre-Dame de Cléri, et son cœur porté à Châteaudun.

Dunois eut deux femmes. La première, fille

(1) Quelques historiens le font mourir en 1470. C'est une erreur, et nous adoptons l'opinion du père Anselme ( *les Grands-Officiers de la Couronne* )

de Louvet, ne lui donna pas d'enfans : la seconde, Marie d'Harcourt, le rendit père d'un fils que l'on nomma François. Celui-ci en eut un aussi, François II d'Orléans, qui fut le premier duc de Longueville, et qui laissa trois enfans, Claude, Louis et François. Ce dernier eut en apanage le marquisat de Rothelin. La descendance des deux premiers s'éteignit au commencement du 18e siècle. Celle de François d'Orléans, marquis de Rothelin, s'est perpétuée jusqu'à nos jours. Alexandre d'Orléans, marquis de Rothelin, dernier du nom, mourut en 174., laissant deux filles. L'aînée, Henriette d'Orléans, fut mariée au prince de Rohan de Rochefort. De ce mariage sont issus M. le prince Charles de Rohan Rochefort, madame la princesse Charlotte de Rohan, et madame la marquise de Quirieu. La seconde fille du marquis de Rothelin, Françoise-Dorothée d'Orléans, épousa Timoléon, duc de Cossé Brissac ; de ce mariage sont issus M. le comte Emmanuel de Brissac, madame Blanche de Cossé Brissac, marquise de Malestroit de Bruc, et madame Augustine de Cossé Brissac, comtesse de Marcieu. Voilà quels sont les derniers descendans du grand Dunois. Nous croyons que nos lecteurs verront avec intérêt la teneur de son testament : il le fit cinq ans avant sa mort,

et y apporta quelques légers changemens dans
ses derniers momens.

1463, octobre.

*TESTAMENT de Jean*, comte de Dunois *et de*
Longùeville, *et de Marie de* Harcourt, *sa*
*femme* (1).

En nom de père, du fils et du Saint Esprit,
amen. L'an de la nativité de Notre Seigneur
1463 et le troisième jour du mois d'octobre,
notre saint père le pape Pie II, et le très-chrétien
prince Loys par la grace de Dieu roy de France
régnant, sachent tous présens et à venir que,
en présence de nous notaire apostolique, impérial et royaulx, et des témoins cy-dessous
écrits personnellement établis, très-haut et très-
puissant seigneur Jehan comte de Dunois et de
Longueville, seigneur de Parthenay, et très-

(1) Cette pièce inédite nous a été communiquée par
M. Delort, qui, en rassemblant les matériaux nécessaires
pour la composition de son intéressante Histoire de Charles VII, publiée en 1824, recueillit cette pièce; elle lui
parut, avec raison, digne d'être mise au rang des documens
les plus précieux.

haute et très-puissante dame Marie de Harcourt comtesse et dame d'iceux lieux sa femme, Lesqueux, comte et comtesse et ont fait ensemble et ordonné leur testament et dernière volonté en la fourme et manière qui s'ensuit, et premièrement et veulent et ordonnent que en quelques lieux qu'ils trépasseront leurs corps soient portés et mis en l'église de Notre-Dame de Cléry et en la chapelle de Saint-Jean Baptiste, et dessus iceux mises deux tombes de cuivre ou d'albâtre que n'ayent par-dessus le pavement que trois dois, et sur icelle soit écrit ce que par leurs exécuteurs dans écrits sera dit, avisé et ordonné. Item, veulent... que pour l'édifice de la dite chapelle Saint-Jean-Baptiste dudit lieu de Cléry et ornemens d'icelle soient baillés 1,200 écus d'or, etc. Item, ont voulu et ordonné, veulent et ordonnent que soit donnée la somme de 700 francs à jeunes filles pucelles pour leurs mariages en ce compris ce qui aurait esté baillé depuis autre testament par eulx fait. Item et item, ont voulu etc. que, pour la réparation de l'église des cordeliers de Châteaudun, soit baillée de leurs biens la somme de 100 francs. Item veulent et ordonnent que, pour l'achèvement de la saintechapelle étant en leur château de Châteaudun, et pour le logis des religieux qui y seront, soit baillée la somme de 2,000 francs. Item, veulent et ordonnent que, pour faire le divin service en ladite chapelle, c'est assavoir pour dire toutes les heures ordonnées par l'église et chanter deux grans messes par chacun jour, dont la première sera de Notre-Dame et l'autre du jour, y ait un prieur, quatre prestres et curïaulx de l'ordre de Saint-Augustin et de règle et habit comme sont les religieux de Saint-Victeur des Paris. Item, lesdits comte et comtesse pour le vivre et sustentation desdits prieurs et religieux ont donné et fondé, donnent et fondent 200 francs de rente par chacun an, tant en deniers que en blés, vins, bois, estance, et autres revenus, dont les écus sont assises et duchié d'Orliens, comtés de Chartres, Bloys et Dunois, et les autres cent francs sur leur terre et seigneurie de Haures étant au pays de Haynault..... Item, veulent etc., être achetée la somme de 40 francs de rente au pays de Pont pour fondation d'une basse messe, laquelle ont fondée et ordonnée estre dite et célébrée chacun jour en l'église de Mervent pour le salut de l'ame de leur fille Jehanne, enterrée en icelle église. Item, veulent et ordonnent que les écoliers étudians en théologie qu'ils tiennent à Paris, soient soutenus et maintenus tant qu'ils auront le degré de maîtres en théologie, etc.

Item, ont voulu et ordonné, veulent et ordonnent
lesdits comte et comtesse que leurs léables debtes
soient payées. Item, pour ce que leur fille nom-
mée Marie n'a voulu tenir les veulx et promesses
par elle faits à Dieu notre Créateur d'estre religieuse toute sa vie en l'ordre de religion de
sainte Claire, et que depuis par sa mauvaise et
dampnable volonté, elle estant en leur compagnie doucement et honnestement traitée, sous
couleur et ombre de confession, le jour de l'As-
somption Notre-Dame, occultement et clandes-
tinement s'est liée et promise par mariage à Loys
soy-disant bastard de *Borbon*, sans le voloir
sceu ne consentement d'eux ne autres leurs parens, en quoi grandement a méprines et of-
fence, premièrement envers Dieu notre Rédempteur, en tant qu'elle n'a observés ne gardés les veulx et promesses par elle faits esté
contre l'ordonnance de Dieu et la coutume ordonnée par l'église en l'ordre de mariage de ceu
et fraude iceux sous couleur de dévotion, et n'a
gardé l'amour et obéissance que enfans sont te-
nus de garder envers leurs pères et mères, et
contre le commandement de N. S., pour laquelle
cause et afin de donner exemple à toutes filles,
et mesmement à filles de haultes et nobles maisons que veulx faits à N. S. es propous délibéré

soy doivent observer et tenir sans soy en départir
ne prendre autre voye layes premièrement en
avoir licence et congié pour ce faire de notre
saint-père le pape, ou autre, ayant de ce faire
pouvoir et puissance, en rendant l'obéissance à
notre mère la sainte Église, comme faire se doit
en après que l'honneur et l'obéissance telle que
par les enfans doit être faite à père et mère soit
gardée et observée, les dessuses Jean et Marie
comte et comtesse de Dunois, ladite Marie leur
fille ont privé et déshérité, privent et déshéri-
tent elle et les siens que d'elle pourraient venir
et essir, à toujours de toutes successions qu'elle
ou les siens pourraient prétendre avoir d'eux,
tant des terres qu'ils ont et possèdent de présent que de celles qui à venir pourraient à eux
et à leurs autres enfans tant par lignée collaté-
rale comme autrement, avecques ceux et de tous
leurs acquets faits et à faire ensemble, de tous
leurs meubles présent et à venir. Item veulent
et ordonnent lesdits comte et comtesse, et laissent à noble et honorable damoiselle Kathelline
leur fille pour tout son droit et partage, institution, succession et légitime qu'elle peut ou
pourrait avoir eu sur tous leurs biens, meubles
et immeubles, la somme de 40,000 écus d'or.
C'est assavoir la seigneurie et baronie de Geay

étant au pays de Savoye, près de la ville.de Genève, laquelle seigneurie leur a esté baillée et transportée pour le prix et somme de 23,000 écus d'or pour icelle somme et le surplus montant à 17,000 écus d'argent et meubles, etc. Et car le chef et fundement de chacun testament si est la institution de l'héritier, pour ce les dessusdites comte et comtesse de commun consentement et accord..... font, instituent et ordonnent de leur propre boche..... François Mons leurs fils et ses enfans, et les enfans de ses enfans fais et procréés en loyal mariage, etc., et se s'il advenait que leur fils François n'eût aucuns        , etc., toutes lesdites terres et meubles demeureront à leur dite fille Catherine et à ses enfans, et aux enfans de ses enfans descendus d'elle en loyal mariage. Et pour faire et accomplir l'exécution de ce présent testament, lesdits comte et comtesse on fait, constitué, etc. leurs exécuteurs, c'est à sçavoir nobles et honorables personnes le seigneur de La *Choletière*. M. Estienne de *Fuzelier*, doyen de l'église Saint-Sauveur de Blois, et M<sup>e</sup> *Fleurent Borgonhon*, bailli de Dunois, et chacun d'eux et les deux des trois; etc., fait et passe a esté cet présent testament en la cité d'Arles en Provence, en la maison de messire Jean *Arlaton*, présens à ce, et priés en tesmoings nobles et honorables personnes messire Jean *Choulet*, ecs., seigneur de la Chouletière, Guillaume de Théligny, esc., maître Jean *Garnier*, maître en arts et licencié en décrets, messire Moynet *Boissard*, prestre clavaire et gouverneur de la maison de l'archevesché d'Arles, messire Guillaume *Boschery*, curé de l'église de Saint-Lucien d'Arles, messire Raymond *Antoine*, prieur de N. D. de la principal d'Arles. Messire Jean Rohard, notaire d'Arles, et nous notaire dessus dit. Et en après le lendemain dudit jour qui fut le quatrième dudit mois d'octobre en présence desdits tesmoings, etc. (C'est une déclaration desdits comte et comtesse, qui, nonobstant ce présent testament, et ce qui y est ordonné, veulent que la donation mutuelle qu'ils s'estoient faite auparavant de tous leurs biens au plus survivant des deux, subsiste en son entier.) Fait et passé à l'hostel que dessus, et moy Denis de *Chasselus*, notaire apostolic, impérial et royal, etc. Signé Chasselus. Je, Nicolas *Ymbert*, notaire royal, etc. Signé Ymbert.

FIN DU VII° ET DERNIER VOLUME.

# TABLE

## DU SEPTIÈME ET DERNIER VOLUME.

## DUNOIS,

### Lieutenant-général.

### LIVRE PREMIER.

## LIVRE IV.



## LIVRE V.



## LIVRE VI.



## LIVRE VII.



FIN DE LA TABLE.

# MAZAS.

# VIES

### DES GRANDS

# CAPITAINES

#### FRANÇAIS.

—

## TOME VII.


# MAZAS.

# VIES

### DES GRANDS

# CAPITAINES

#### FRANÇAIS.

—

## TOME VII.